黄河资阜

托克托博物馆馆藏钱币精华

内蒙古自治区文物考古研究所
内蒙古博物院　托克托博物馆
编

文物出版社

图书在版编目（CIP）数据

黄河资卓 ：托克托博物馆馆藏钱币精华 ／ 内蒙古自治区文物考古研究所，内蒙古博物院，托克托博物馆编 ．－－ 北京 ：文物出版社，2020.12

ISBN 978-7-5010-6895-1

Ⅰ.①黄… Ⅱ.①内… ②内… ③托… Ⅲ.①古钱(考古)－中国－图集 Ⅳ.①K875.62

中国版本图书馆CIP数据核字（2020）第233049号

黄河资卓 托克托博物馆馆藏钱币精华

编　　者：内蒙古自治区文物考古研究所
　　　　　内蒙古博物院
　　　　　托克托博物馆

责任编辑：李　飏
摄　　影：张　冰
责任印制：陈　杰
责任校对：李　薇

出版发行：文物出版社
社　　址：北京市东直门内北小街2号楼
网　　址：http：//www.wenwu.com
邮　　箱：web@wenwu.com
经　　销：新华书店
制版印刷：天津图文方嘉印刷有限公司
开　　本：889mm×1194mm　1/16
印　　张：20
版　　次：2020年12月第1版
印　　次：2020年12月第1次印刷
书　　号：ISBN 978-7-5010-6895-1
定　　价：380.00元

主　编

陈永志

副主编

石　磊　程鹏飞

资料整理与执笔

石　磊　程鹏飞　刘　燕

目录

前言

巍巍阴山，滔滔黄河，塑造了得天独厚的土默川平原。托克托县就是坐落在黄河大几字弯北岸、土默川平原东南部的一颗璀璨明珠。

早在新石器时代，托克托地区就有仰韶文化海生不浪类型先民繁衍生息。夏商周时期，獯鬻、鬼方、猃狁、北狄等北方民族活动于此。战国晚期，赵国兼并林胡、楼烦等部族，扩边至阴山脚下。公元前307年，在黄河北岸托克托地区设置郡县，云中郡成为黄河大几字弯北端最早设立的郡一级实体行政建制。

秦汉、魏晋之际是中国历史上各民族走向大一统、大融合的重要阶段。秦王朝为了稳定边疆统治，在黄河沿岸设立四十四县，加强了对黄河沿岸的开发治理。西汉继续在托克托地区设置郡县，屯垦开发。东汉以来，南匈奴、鲜卑等游牧民族逐渐占据该地区，与汉民族交融发展。以云中古城为代表的城市遗址是这一历史时期各民族文化碰撞、融合、升华的实物见证。拓跋鲜卑依托云中地区建立代魏政权，北魏早期的"云中盛乐""云中金陵"就在县境范围及周边临近地区。

隋唐王朝为了加强对北方边疆地带的控制，对突厥等部族实行羁縻政策，托克托地区遗留有唐代的东受降城等遗址。辽、金、元时期，曾在县境内设置东胜州和云内州等，上述城市成为草原丝绸之路上的重要交通节点，出土了大量珍贵文物，具有极强的代表性，在中国文明史上占有重要的历史地位。

明中期之后，阴山南麓托克托地区成为蒙古土默特部的驻牧地，明王朝册封俺答汗为顺义王。俺答汗吸引中原汉人到此开发农业，明蒙双方在长城沿线开展互市贸易，促进了彼此的友好交往。清代以来，托克托地区逐渐形成蒙、汉、满、回等多民族和谐聚居区，对于巩固和开发祖国北部边疆做出了较大贡献。

回溯历史，内蒙古托克托地区作为祖国的北部边疆，成为多民族交流、交往、交融的重要平台。加之黄河流域物华天宝、资阜丰裕，形成深厚的历史文化积淀，遗留下大量珍贵物质文化遗产。目前已初步查明托克托县境内有不可移动文物点109处，县博物馆馆藏文物2900余件/套，这些文化遗产都是黄河文化和中华民族历史的重要实物见证。

习近平总书记指出："让收藏在博物馆里的文物、陈列在广阔大地上的遗产、书写在古籍里的文字都活起来。""要深入挖掘黄河文化蕴含的时代价值，讲好'黄河故事'，延续历史文脉，坚定文化自信，为实现中华民族伟大复兴的中国梦凝聚精神力量。"在新的历史条件下，为了充分发挥文物在坚定文化自信、铸牢中华民族共同体意识方面的重要作用，我们特将托克托博物馆馆藏文物精华和钱币精华进行整理并出版《云中典藏》《黄河资阜》两部图录，目的是为了弘扬博物馆藏品所具有的历史文化精神和当代价值，让文化遗产充分地"活"起来，为内蒙古自治区文化建设贡献一份力量。

内蒙古博物院院长　陈永志

东胜卫故城

托克托博物馆馆藏钱币概述

刘燕　程鹏飞

托克托县位于富饶的土默川平原南部,北望阴山,南濒黄河,地理位置十分重要,是内蒙古中南部历史最为悠久,文化底蕴最为深厚的地区之一。县境内出土了东周以来大量古代珍贵钱币。1992 年县博物馆成立以来,馆藏钱币藏品因内容丰富,序列完整,成为内蒙古地区博物馆的一大特色。本书精选先秦至中华人民共和国成立前的历朝历代珍贵钱币凡 292 种,这些钱币见证了托克托地区商品货币经济的繁荣与发达,也全面体现中国北部边疆地区的政治、经济和文化发展脉络。

托克托博物馆现藏时代最早的货币为贝币。先秦时期,海贝不但可用于装饰,也成为商品经济的代币。除了天然的海贝,人们还创造了骨贝、铜贝等,托克托地区发现的海贝、石贝、骨贝,历经夏、商、西周三代,距今已有三四千年的历史。

到了东周时期,中原地区仿造生产工具"镈",铸造了青铜布币。托克托县目前发现最早的金属货币为战国时期赵国早期铸造的耸肩尖足大布和刀币,其中以布币为多。县境内的布币时有出土,如 1985 年原黑城乡张全营村发现 12 枚方足小布;中滩乡的哈拉板申村西河槽内出土 6 枚尖足小布;伍什家乡杜家壕村出土 6 枚方足小布;毡匠营村 1994 年筑墙取土时发现 60 多枚方足小布。[1]1993 年 6 月,于五申乡杜千窑村东采集到一枚"离石"圆足布币,从托克托地区历次出土布币的情况看,该枚圆足布币还属于首次发现。[2]

1987 年,托克托县五申乡杜千夭村东大黑河西堤发现一批战国货币,有数枚藏于县博物馆。[3]这批布币分大小两种,皆为平首平肩方足布,共 12 个品种:安阳、平阳、宅阳、梁邑、襄垣、高都、中都、露、渔阳、戈邑、寻邑、朱邑。根据面文推断,这批货币都属战国时期韩、赵、魏三国,以赵国币为多。杜千夭村东北 20 公里,即为赵国云中郡故城。

1996 年 5 月 6 日,在云中故城遗址西门外出土了一批赵国时期的刀币、布币。这些钱币大多流散到民间,县博物馆仅征集回刀币 144 枚,耸肩大布 13 枚。[4]刀币有燕国的"匽"刀,俗称"明"字刀;有赵国的"邯郸"刀和

① 王培义:《托克托县境出土和传世的历代钱币》,《托克托文史资料》。
② 茹耀光:《内蒙古托克托县首次发现圆足布币》,《内蒙古金融研究》2003 年 S4 期。
③ 王培义:《托克托县五申乡杜千夭村发现战国布币》,《内蒙古金融研究》钱币文集(第二辑)2003 年。
④ 石俊贵、刘燕:《内蒙古托县云中古城出土战国货币》,《内蒙古金融研究》2003 年 S4 期。

"白化"刀，俗称"白人"刀。出土耸肩尖足大布在县境内属首次，数量虽然不多，但有六个品种："邯郸"布7枚，"蔺"字布2枚，"大阴"布1枚，"邪山"布1枚，"晋阳"布1枚，"皋"字布1枚。

春秋末期，韩、赵、魏三家分晋，托克托地区出土的这些布币文字多是这三个国家的地名，因此也称"三晋货币"。上述货币大部分在原赵国的云中郡地区出土，除"郾"字刀为燕国铸造外，其余多为赵国铸造。战国时期，云中地区货币流通数量大、品种多，形成以赵国货币为主，韩、赵、魏、燕国货币相互流通的货币结构，这体现出当时北部边疆地区贸易往来兴盛，商品经济发达。⑤战国末期，秦灭燕、赵前夕，社会动荡，局势混乱，战争频繁，兵连祸结。托克托境内集中出土的几批钱币窖藏可能就是官府和民间逃避兵患时埋藏地下形成的遗存。两千多年后重见天日，成为研究云中地区政治、经济和社会方面的珍贵材料。

秦统一六国后，实行郡县制，分中国为三十六郡，云中郡是其中之一，郡治仍为战国云中故城。秦始皇进行了"车同轨、书同文"的一系列大一统改革，将战国时期各种造型的货币统一为方孔圆钱。外圆表示天，内方表示地，体现了古人天圆地方的宇宙观。钱文书体为统一文字后的秦小篆，"半两"二字重如其文，为以后的方孔钱奠定了基础，这种造型的钱币一直沿用到清朝末年。秦半两在县境发现数枚，其中黑城乡黑水泉村遗址所出为经正式考古发掘所得。2000年，内蒙古自治区文物考古研究所与托克托博物馆对黑水泉村秦汉时期古城遗址进行发掘，发现了秦"半两"钱，而且还发现了一枚秦代的"两甾"钱（现藏呼和浩特博物馆）。⑥这在托克托县乃至呼和浩特地区是首次面世。一甾是六铢，两甾为十二铢，当时的一两是二十四铢，两甾仍为半两。两甾钱的钱风、书体均与半两钱相同，所以，有人认为两甾钱是秦代货币的又一品种。

汉承秦制，云中郡治不变，并下辖十一个属县，其中有五个县址在托克托县境内。汉初仍沿用半两钱，但重量由秦的十二铢减为八铢。由于汉高祖分封的诸侯王可以鼓铸钱币，严重影响了中央集权的货币制度。武帝元狩五年（公元前118年）三月，更铸五铢新钱。元鼎四年（公元前113年），下令禁止诸王铸钱，由中央上林三官负责铸造统一的五铢钱，以通行天下。汉五铢钱铜质好，铸造规整，字迹不易损，使用方便，一直沿用至东汉末年。两汉五铢钱铸币数量大，流通时间长，所以在托克托地区遗存下来的也不少。

王莽篡位后，复古改制，四次币制改革，铸六泉十布，又铸货泉、布泉、货布、契

---

⑤ 杜晓黎：《呼和浩特地区战国时期货币经济》，《内蒙古金融研究》钱币文集（第四辑）2003年。
⑥ 内蒙古自治区文物考古研究所、托克托县博物馆：《托克托县黑水泉遗址发掘报告》，《内蒙古文物考古文集》第三辑，科学出版社，2004年。

刀五百和精美的一刀平五千。王莽的货币有"五物六名，二十八品"，名目繁多，是中国历史上第一个严重通货膨胀的政权。目前县博物馆内收藏有小泉直一、大泉五十（光背、合背）、货泉、大布黄千、货布和布泉等。莽钱铸造精美绝伦，文字书体皆为悬针篆，是中国钱币三绝之一。⑦

在托克托县境内已发现的汉代城址内及周围很多汉墓中多有出土汉代的半两、五铢和新莽钱币。如，1953年发现的闵氏壁画墓，虽然被盗，但发现了五铢和小五铢钱。⑧20世纪80年代古城乡云中城遗址两次出土数十斤五铢钱。1984年，在伍什家乡南郭县营子村北，发现一罐铜钱，重约四公斤，可能属于窖藏之物。这批钱的钱文深峻、铸工精细、质地好，符合汉武帝时期五铢钱的一般特征。⑨2000年发掘的黑水泉汉代墓葬，出土半两、五铢共计30枚。⑩2001年对云中故城的发掘，也出土了半两、五铢、大泉五十等钱币。⑪

三国两晋时期，拓跋鲜卑占据现托克托所在的云中地区，这里也称云中川。其得天独厚的地理条件，造就了畜牧业经济的发达。拓跋代政权"控弦之士数十万，马百万匹。""云中川自东山至西河二百里，北山至南山百有余里，每岁孟秋，马常大集，略为满川……"⑫这些都为拓跋鲜卑日后崛起并入主中原积蓄了强大的经济力量，奠定了坚实的物质基础。十六国、北魏早期，云中地区很长时间是拓跋鲜卑政治的核心区域，有学者认为"云中旧宫""云中盛乐""云中金陵"就在托克托境内。北魏迁都洛阳后，曾铸太和五铢、永安五铢，但托县境内目前尚未发现。北魏分裂为东魏、西魏，后又分别被北齐、北周嬗替。著名的北朝美泉如北齐的"常平五铢"，北周的"五行大布"在博物馆均有所藏。北朝钱币铸造精美，篆法绝工，为中古之冠，艺术价值很高。另外，托克托地区还见南朝的"太货六铢"钱，这显示了在北朝末期中国大一统前夕，南北方之间的交流情况。

隋朝政权短暂，只通行五铢钱一种，黄河沿岸托克托县的一遛弯村庄出土较多，县博物馆对隋五铢钱也有所藏。隋大业三年（公元607年）四月，隋炀帝北巡幸榆林（今托克托县黄河对岸准格尔旗十二连城遗址）。东突厥首领启民可汗与可敦义成公主来朝行宫，献马三千四。隋炀帝与启民可汗在黄河附近的行宫举行了历史上著名的塞

---

⑦ 杨鲁安：《莽货杂谈（二）——货泉品类面面观》，《内蒙古金融研究》2003年S4期。
⑧ 罗福颐：《内蒙古自治区托克托县新发现的汉墓壁画》，《文物参考资料》1956年第9期。
⑨ 卜扬武、图娅：《托县南郭县营子出土的西汉五铢钱》，《内蒙古金融研究》2002年S1期。
⑩ 内蒙古自治区文物考古研究所、托克托博物馆：《托克托县黑水泉汉代墓葬清理简报》，《内蒙古文物考古文集》（第三辑），科学出版社，2004年。
⑪ 内蒙古自治区文物考古研究所、托克托博物馆：《托克托县古城村古城遗址发掘报告》，《内蒙古文物考古文集》（第三辑），科学出版社，2004年。
⑫ ［北齐］魏收：《魏书·燕凤传》，中华书局，1974年，第609～610页。

上盟会，托克托县一带留下较多的隋五铢钱或与此事件有关。另外，托克托县黄河一带当时是隋王朝联通西域、漠北地区丝绸之路上水陆交通的要道节点，遗留的钱币也显示了当时的商贸往来。

唐朝不循旧规，改铸新钱。高祖武德四年（公元 621 年）铸开元通宝，每枚重一钱，十枚一两（两以下十进位衡法由此而来），从此以后这种货币称"钱"。它的重量、形制大小是仿汉五铢钱铸造的，钱文为唐代的大书法家欧阳询所书的八分篆隶体。开元通宝结束了中国货币以铢两定名的称量制，以后历代铸钱均为通宝、重宝、元宝，直至清宣统年间，这在中国货币史上具有重要地位和意义。唐代铸造开元通宝一直没有间断，为唐朝的法币，其版式较多。到武宗会昌年间，又铸造会昌开元。唐代也有以年号铸钱的，如高宗铸乾封泉宝，肃宗铸乾元重宝，代宗铸大历元宝，德宗铸建中通宝。唐代的开元通宝在托克托县到处可见，其他如建中通宝、乾元重宝等钱币在博物馆也有所收藏。托克托县境内还见有唐代藩镇割据政权的钱币，如史思明的得壹元宝和顺天元宝。[13] 1987 年，在东胜州故城还发现了一枚西域的突骑施钱，突骑施钱在我国内地发现较少，体现了托克托地区通过丝绸之路与西域地区之间的商贸联系。[14]

两宋是中国历史上铸币数量最多的一个时代，而且钱文大多按皇帝年号铸造，钱币造型别致多样，薄厚不一，钱文字体、外廓边缘宽窄、方孔大小以及直径都不相同。托克托博物馆藏有三十余种两宋钱币。20 世纪 50 年代以来，在托克托县的五申乡武家窑村，古城乡的南园子、盆儿窑子、白塔村（云内州），伍什家乡的西大圪达，城关镇的大荒城（东胜州），南坪乡的董家营村，中滩乡的哈拉板申等村，都出土过数量较大的两宋钱。

托克托地区曾是辽、金两朝的西南边境，县境内有辽、金、元时期著名的"西三州"中的两座州城，即东胜州和云内州故城。上述两座城址内近几十年来出土了大批钱币，大多为两宋钱，但是也包括珍贵的辽、金、西夏、元代的钱币。

辽历九帝，每位皇帝虽都铸过钱币，但数量很少，遗留下来的更不多。托克托博物馆藏有辽代铸造的寿昌元宝、乾统元宝以及"奝龙谢钱"和仿新莽的大泉五十。[15]其中"奝龙谢钱"，背文"家国永安"，极有可能是在辽初组织未备，年号未立，钱制不一，钱文未定时铸造的钱币。该钱于诸谱未载，实属罕见，极为珍品。[16]

---

⑬ 石俊贵：《东胜州故城出土的古钱币》，《内蒙古文物考古》1994 年第 2 期。
⑭ 石俊贵：《托县境内发现一枚突骑施钱》，《内蒙古金融研究》2003 年 S1 期。杨鲁安：《内蒙古新出西域钱探微》，《内蒙古金融研究》2003 年 S3 期。
⑮ 茹耀光：《一枚异样的大泉五十》，《内蒙古金融研究》2003 年 S3 期。
⑯ 石俊贵：《辽钱拾遗》，《内蒙古金融研究》2003 年 S3 期。

金灭辽后，仍沿用宋辽旧钱。绍兴议和后，南宋与金在边境设立榷场，进行互市贸易，通过贸易、走私，宋钱大量流入北方。金建国四十余年后，到海陵王正隆三年（公元 1158 年）开始铸"正隆元宝"。其后又铸"大定通宝"。金章宗泰和四年（公元 1204 年）铸当十"泰和重宝"。上述几种钱在县境都有发现。值得一提的是，还发现了合背"泰和重宝"，玉筋篆，这种钱较少，被泉界视为珍品。托克托博物馆藏金代钱币有正隆元宝、大定通宝和泰和重宝等。

西夏钱币在托克托博物馆馆藏有天盛元宝和乾祐元宝，天盛、乾祐多为铁钱。[17]金代的东胜州、云内州与西夏隔河相望，东胜州榷场与西夏一直保持贸易往来，因此，托克托县境内发现西夏钱币不为罕事，辽金钱币在西夏故土同样也有遗留。

元代的钱币以纸钞为主，金属货币品种不多，数量也少。在东胜州城内出土元世祖忽必烈的八思巴文"至元通宝"钱，还有"至大通宝"、八思巴文"大元通宝"当十钱和元朝最后一位皇帝妥懽贴睦尔的"至正通宝"（小平、折二、折三钱）。上述钱币为研究元代的货币流通情况提供了重要的实物依据。[18]元朝末年，各地爆发了农民起义，政权摇摇欲坠，经济发生了严重危机，元朝币制的混乱加速了其政权的灭亡。

明朝从洪武到崇祯历十七帝，铸过十种年号钱。托克托博物馆藏有大中通宝、洪武通宝、弘治通宝、嘉靖通宝、万历通宝、泰昌通宝、隆武通宝、天启通宝等。到明朝中叶，托克托地区成为蒙古土默特部的驻牧地，早先的云中川此时也称为土默川。西北部边境由于明王朝与俺答汗通贡互市，开设榷场，加强贸易往来，发展了经济，所以在县境内留下了一定数量的明朝钱。明朝钱有一个显著特征，不论大小均不用元宝，是为避明太祖朱元璋名字中"元"字之讳。明铸钱数量要较元朝多，除洪武、万历、天启、崇祯遗留下来的较多外，其他品种相对来说存世较少。明末，农民起义军首领李自成在西安建立大顺政权，铸永昌通宝。当时自称云南王的吴三桂铸利用通宝、昭武通宝，其孙吴世璠还铸过洪化通宝。这四种小平钱在县博物馆也均有所藏。

清朝十帝都铸过年号钱，顺治年间共铸五种顺治通宝。康熙年间也铸过满汉文钱，嗣后，雍正、乾隆、嘉庆、道光、咸丰、同治、光绪、宣统所铸钱币背面均为满文。清代铸钱数量大，品种版式远超前朝。各式钱在县境都能找到几种。晚清时期，开始铸造银币与铜圆。这一时期，外国的银圆也开始在中国境内较为广泛地流通。县博物馆收藏有墨西哥银币、英国武士银圆和安南银币。

⑰ 石俊贵：《东胜州故城出土的古钱币》，《内蒙古文物考古》1994 年第 2 期。
⑱ 石俊贵：《东胜州故城出土的元钱》，《内蒙古金融研究》2003 年 S2 期。

清末民国，托克托县境内流传下来的票帖和纸币也不少。迄今发现的票帖有"西口'同丰泰'记具帖""崇兴和票帖""民国三十年军需公债""托县商会票帖"。纸币包括"中央银行""中国银行""交通银行""中国农民银行""西北银行""山西省银行""河北省银行""陕北地方实业银行""平市官钱局"发行的纸币以及"昌邑六区兑换券""救济农村流通券"等。革命根据地"延安光华商店代价券""西北农民银行""北海银行""晋察冀边区银行""冀南银行""闽浙赣省苏维埃银行"等发行的纸币也有数十种。此外还有日伪政权"满洲中央银行""蒙疆银行""中国联合储备银行""中央储备银行"等伪金融机构发行的纸币数十种。

除上述流通货币外，县境内还出土了一定数量的厌胜钱。这些厌胜钱不但数量大，而且品种也不少。基本可分为两类：一类为吉祥、吉语、喜庆钱；另一类为驱鬼邪压胜钱。吉祥、吉语、喜庆钱有："龟鹤齐寿""龟鹤遐龄""双龙戏珠""双凤戏牡丹""三鱼相逐""双鱼钱""长命富贵""天下太平""天仙送子""状元及第"和"五子登科"等。驱鬼邪厌禳类有："太上咒语钱""张天师驱鬼邪"和"五两大布"背双剑图纹等钱。这些厌胜钱分红铜和黄铜质两种。红铜质多为元代以前遗物，黄铜质为明、清遗物。红铜质"龟鹤齐寿""龟鹤遐龄""双龙戏珠""双凤戏牡丹""三鱼相逐""双鱼钱"以及红铜质"长命富贵"和"天下太平"皆为东胜州（大荒城）故城出土，说明这类压胜钱在元朝时最为流行。[19]清代以来也有大量"花钱"在托克托地区流行，其中包括珍贵的"康熙通宝罗汉钱"。[20]托克托县厌胜钱的出土，有助于我们对元明清时期的社会生活史、民情风俗和民间文化艺术等方面加深了解。

总之，托克托博物馆馆藏钱币上至三代的贝币，下至民国时期的法币，形成颇为完整的序列和体系。尤其是我国历代金属铸币，在县境几乎均有所遗留。这些钱币从数量上讲，清钱居首位，宋钱次之，秦汉半两、五铢、唐开元通宝居第三位，战国方足小布为第四。其中统一王朝的钱币居多，分裂割据政权稍偏少。辽钱最少，品品难找。上述这些钱币藏品不乏精品甚至绝品，具有重要的历史、科学、艺术和社会价值，内蒙古托克托县位于黄河几字湾北岸土默川平原，属古云中郡，是黄河北岸最大的渡口城市，自古以来这里商贾云集，资阜丰裕。托克托博物馆收藏的这批钱币，是黄河几字湾地区商品经济发展的实证，对于中国北部边疆地区的政治、社会、文化和货币经济、金融发展史的研究提供了非常重要的实物材料。

⑲ 石俊贵：《东胜州故城出土的厌胜钱》，《内蒙古金融研究》2003 年 S4 期。
⑳ 石俊贵：《一枚万字花边罗汉钱》，《内蒙古金融研究》2003 年 S3 期。

图版目录

民国时期货币
(公元 1912～1949 年)

中国最早的货币

（约公元前 *21* 世纪 ~ 前 *771* 年）

　　货币是商品生产和商品交换的产物。海贝原为装饰品，因携带方便，坚固耐用，有天生的计数单位，在中国历史上最先充当货币。随着商品交换的频繁，天然海贝供不应求，于是便产生了陶贝、石贝、骨贝、玉贝、金贝、铜贝等人工贝币。铜贝是人类最早的金属货币。

海贝

长 3.2、宽 2.5、厚 1.2 厘米，重 7.74 克

贝币的计量单位为"朋"，一般认为，五枚贝为一串，两串 10 枚为"一朋"。

长 2.2、宽 1.5、厚 0.6 厘米，重 1.95 克

长 2.3、宽 1.5、厚 0.6 厘米，重 1.81 克

长 2.4、宽 1.8、厚 0.9 厘米，重 2.94 克

长 2、宽 1.1、厚 0.7 厘米，重 1.02 克

长 1.9、宽 1.4、厚 0.9 厘米，重 1.62 克

长 2.4、宽 1.4、厚 0.7 厘米，重 2.3 克

长 1.9、宽 1.4、厚 0.6 厘米，重 1.58 克

石贝

长 1.8、宽 1.3、厚 0.6 厘米，重 1.41 克

骨贝

长 1.9、宽 1.5、厚 0.4 厘米，重 1.8 克

春秋战国时期
货币

（公元前 *770* ~ 前 *221* 年）

春秋战国时期，商品交换大为发展，引起货币的大量流通。各地区先后出现了不同形态、不同价值的金属货币，总体上形成了布币、刀币、圜钱、蚁鼻钱较为完备的四大货币体系。此外，还有桥形币、鱼形币等。

◎ 布币

1. 尖足布

1.1 尖足大布

布币是由古代农具"镈"演变而来的，春秋早期出现。"布"是"镈"的同声假借字。"镈""布"古代通用。早期布币形状像铲，故又称"铲币"。战国时期，布币主要流通于韩、赵、魏、燕等国。

邪山

通长 8.5、足宽 4.6 厘米，重 13 克
1996 年 5 月托克托县云中故城出土

钱文"邪山"二字，模铸；背有二道竖纹。

大阴

残长 7 厘米，腰部宽 3.9 厘米，重 10.7 克
1996 年 5 月托克托县云中故城出土

钱文"大阴"二字，模铸；背文"三"，有竖纹二道。
双足残缺。

阜

残长 8.2、足宽 4.1 厘米，重 11.49 克
1996 年 5 月托克托县云中故城出土

钱文一"昌"字，一足稍残，齐地。"昌"
为"阜"字减笔。

蔺

通长 8.5、足宽 4.2 厘米，重 12.26 克

1996 年 5 月托克托县云中故城出土

钱文"閵"，模铸；背文为"五"字，幕有二道斜向双足
的八字形竖纹，背首纹饰为"＋"纹。"閵"即"蔺"。此
布钱纹铸造清晰，字体苍劲有力，较其他布币铸造规整。

邯郸

通长 8.5，足宽 4.5 厘米，重 13.12 克

钱文"甘丹"二字，模铸；背有竖纹两道。战国
时期的"甘丹"在今河北省邯郸市西南 30 公里。

1.2 尖足小布

閔半

通长 5.5、足宽 3 厘米，重 6.78 克

钱文一"閔"字，模铸；背饰二道竖直
纹。閔即今山西省柳林县孟门村。

晋阳半

通长 5.5、足宽 3.1 厘米，重 5.93 克

钱文"晋阳"二字，模铸；晋阳即今山西
省太原市晋源镇古城营村。

兹氏半

钱文"兹氏半"三字，模铸；背饰二道
竖直纹。兹氏即今山西省汾阳市南 15
里巩村。

长 5.5、足宽 2.9 厘米，重 6.39 克

长 5.4、足宽 2.9 厘米，重 5.28 克

大阴

长 5.6、足宽 3 厘米，重 6.36 克

钱文"大阴"二字，模铸；背饰二道竖
直纹。

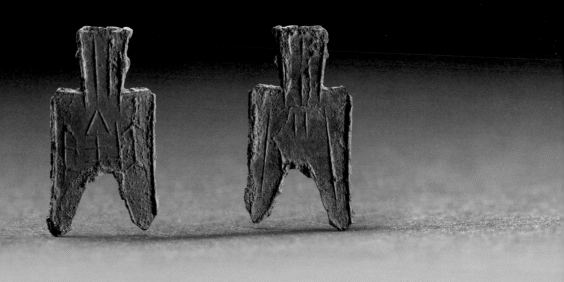

平州

通长 5.4、宽 2.9 厘米，重 6.48 克

钱文"平州"二字，模铸；背饰二道竖直纹。平州即今山西省介休市西。

篱石

通长 5.5、宽 3 厘米，重 6.07 克

钱文"篱石"二字，模铸。篱石即今山西省吕梁市离石区西。

郢

通长 5.6 厘米，重 5.6 克

钱文"郢"字，模铸；背饰二道竖直纹。

文阳

通长 5.5、宽 3.2 厘米，重 6.11 克

钱文"文阳"二字，模铸。

2. 方足布

丘贝

通长 4.6、宽 2.8 厘米，重 5.8 克

钱文"丘贝"二字，模铸；背饰二道竖直纹。

阏字

通长 4.61、宽 2.8 厘米，重 5.72 克

钱文"阏"字，模铸；背饰二道竖直纹。"阏"即"蔺"字，今山西省柳林县孟门村。

襄垣

通长 4.5、宽 2.7 厘米，重 5.79 克

钱文"襄垣"二字，模铸；背饰三道竖直纹。

安阳

钱文"安阳"二字,背饰二道竖直纹。
安阳即今河北省阳原东南。

长 4.7、宽 2.9 厘米,重 5.26 克

长 4.9、宽 3.1 厘米,重 6.72 克

莆子

通长 4.7、宽 2.8 厘米，重 4.93 克

钱文"莆子"二字，模铸；背饰三道竖直纹。

中都

残长 4.8、宽 2.8 厘米，重 4.76 克

钱文"中都"二字，模铸。

平阳

通长 4.5、宽 2.8 厘米，重 4.76 克

钱文"平阳"二字，模铸；背饰竖直纹。

宅阳

通长 4.6、宽 2.7 厘米，重 4.61 克

钱文"宅阳"二字，模铸。

燕国布币

通长 4.2、宽 2.4 厘米，重 4.17 克

梁邑

钱文"梁邑"二字，模铸；背饰
三道竖直纹。

通长 5.2、宽 3.2 厘米，重 9.96 克

通长 4.7、宽 2.8 厘米，重 4.98 克

3. 圆足布

篱石

通长 5.2、宽 2.8 厘米，重 5.74 克

钱文"篱石"二字，模铸；背文"三十五"。布首正中有一小圆孔。离石即今山西省吕梁市离石区境。

◎ 刀币

1. 燕刀

刀币形状像刀，是由当时叫作"削"的青铜工具演变而成的。初期的刀币与削很相似，主要流通于黄河流域东部的齐国，后来发展到燕、赵等国。

圆折式燕刀

通长 13.7、最宽 1.8 厘米，重 17.86 克
托克托县云中故城出土

弧背圆折，曲刃，尖首内曲，刀身较宽，窄把圆环，刀身及柄均有高出刀面的外郭，刀把正背面各有纵纹二道。钱文"司"字，模铸；背面铸有文字和符号。"司"即燕国之"匽"字。俗称"明"字刀。

磬折式燕刀

通长 13.8、最宽 1.8 厘米，重 15.64 克

托克托县云中故城出土

呈磬形，刀身及柄均比圆折式刀币小，刀身连接处
方折。刀把中间二道纵纹进入刀身，钱文"司"字，
模铸；背面铸有文字和符号。

2. 赵刀

邯郸刀

通长 13.4、宽 1.7 厘米，重 10.09 克
托克托县云中故城出土

钱文"甘丹"二字，模铸；背文不清。"甘
丹"即"邯郸"。

直刀

通长 12.8、宽 1.4 厘米，重 7.14 克
托克托县云中故城出土

钱纹竖线，刀身短，钱体轻。

白化刀

通长 13.7、宽 1.7 厘米，重 11.78 克
托克托县云中故城出土

钱文"白人"，模铸。

◎ 蚁鼻钱

蚁鼻钱

长 1.9、宽 1.3 厘米，重 4.21 克

楚国铸币。

◎ 圜钱

一化

钱径 1.9、穿径 0.5 厘米，重 1.93 克

钱文铸"一化"二字，战国时期燕国铸币。

◉ 桥形币

桥形币

长 11.3、宽 5.3 厘米，重 6.34 克

桥形，两端呈尖角。一面有外郭和脊线，一面为光背。上端居中有桥形穿环。春秋时期周王畿地区所铸的一种青铜币，又称"磬币"或"璜币"。大多是无文字的，也有有文字符号的。

秦代货币

（公元前*221* ~ 前*207*年）

　　秦始皇统一六国后，在统一文字和度量衡的同时，废除战国时期纷乱不同的货币，统一了货币制度。规定黄金为上币，单位"镒"，铜为下币，单位"半两"。铸方孔圆钱，钱文"半两"，在全国通行。自此，中国的钱币形态基本固定，方孔圆钱这种货币形制一直沿用两千余年。

秦半两

直径 3.1、穿径 0.9 厘米，重 7.36 克
托克托县黑水泉村出土

钱文"半两"二字，秦统一六国后铸币。

两汉（新莽）时期货币

（公元前*206*～公元*220*年）

　　汉朝初期，沿袭秦的半两钱制。汉高祖刘邦允许民间私铸钱币，所造钱既小且劣，形制各异的"榆荚钱"风行于世，随后导致通货膨胀。汉武帝废除一切旧币，改由中央统一铸币，元狩五年（公元前118年）铸造五铢钱，从此五铢钱作为唯一的流通货币。五铢钱因大小轻重适宜，一直沿用七百余年，是中国古代史上使用时间最长的货币。

汉半两

直径 2.5、穿径 0.7 厘米，重 2.92 克
托克托县云中故城出土

钱文"半两"二字。

西汉五铢

直径2.5、穿径0.9厘米，重4.14克
托克托县云中故城出土

钱文"五铢"二字，光背。

小五铢

直径1.2、穿径0.4厘米，重0.64克

亦称鸡目五铢。

西汉晚期，王莽建新朝，托古改制，进行了四次币制改革，造成币制混乱。王莽时期货币多采用悬针篆字体，制作十分精美，铸材众多，形状各异，堪称一绝。钱币铸造艺术达到了历代钱币的一个高峰。

小泉直一

直径 1.5、穿径 0.6 厘米，重 1.27 克

钱文"小泉直一"，直读；光背。

大泉五十

直径 2.8、穿径 0.7 厘米，重 6.04 克

钱文"大泉五十"，直读；光背。

货泉

直径 2.3、穿径 0.7 厘米，重 3.24 克

钱文"货泉"，光背。

大布黄千

通长 5.7、宽 2.5 厘米，重 16.44 克

钱文"大布黄千"，右读；背一竖纹。

货布

通长 5.7、宽 2.3 厘米，重 10.05 克

钱文"货布"，右读；背一竖纹。

布泉

直径 2.6 厘米，穿径 0.9 厘米，重 3.18 克

钱文"布泉"，右读；光背。

延环五铢

直径 2.5、内径 1.7 厘米，重 1.8 克

称"延环钱"，把五铢钱凿下内圈后留下的圆环。为东汉五铢。

三国、两晋、南北朝时期货币

（公元220～589年）

　　东汉末年以后，是中国历史上动乱的时代。三国两晋南北朝长达三个半世纪，此时也是中国货币史上的混乱时期。由于战乱频仍，物价暴涨，货币价值不稳定，恶钱劣币充斥市面，钱币文字多变化。但这一时期，也正是处在从篆书到隶书，从重量钱到年号钱的过渡时期。

常平五铢

直径 2.4、穿径 0.9 厘米，重 3.42 克

钱文"常平五铢"，直读；光背。北齐文宣帝天保四年（公元 553 年）铸。

五行大布

直径 2.6、穿径 0.8 厘米，重 2.83 克

钱文"五行大布"，直读；光背。北周武帝建德三年（公元 574 年）铸。

太货六铢

直径 2.6、穿径 0.8 厘米，重 4.06 克

钱文"太货六铢"，直读；光背。陈宣
帝太建十一年（公元 579 年）铸。

隋代货币

（公元581～618年）

隋统一中国后，经济上出现了空前繁荣的景象。隋文帝改革币制，于开皇初年铸行统一标准的五铢钱，并禁止以前各种旧钱流通，在各地设关卡置样，称"置样五铢"。

隋五铢

直径 2.3、穿径 0.8 厘米，重 2.57 克

钱文"五铢"，光背。隋文帝于开皇元年（公元 581 年）兴铸之币，又称"开皇五铢"。

唐代货币

（公元*618～907*年）

　　唐建立政权后，唐高祖为整顿币制，于武德四年（公元621年）废五铢，改铸"开元通宝"，开元通宝钱开创了中国货币宝文钱称谓的先河。此后，我国铜钱都以通宝、重宝、元宝相称，不再以重量为名称，一直沿用到辛亥革命后的"民国通宝"。钱文由篆书改为隶书为主。

开元通宝

直径2.4、穿径0.7厘米，重3.93克

钱文"开元通宝"，直读；背"月"。唐高祖武德四年（公元621年）铸。

乾元重宝

直径 3.4、穿径 0.8 厘米，重 16.17 克

钱文"乾元重宝"，直读；背重轮。唐肃宗乾元二年（公元 759 年）铸。

建中通宝

直径 2.2、穿径 0.6 厘米，重 2.48 克

钱文"建中通宝"，右旋读。唐德宗李适建中年间（公元 780～783 年）铸。

五代十国时期货币

（公元 *907 ~ 960* 年）

从晚唐到五代十国时期的一百多年间，政治上封建割据，经济上地区封锁。期间，先后铸有三十几种钱币，形形色色，混乱不堪。北方的五代经济尚不稳定，铸钱不多；南方十国经济较富裕，尤以南唐和前蜀的钱币最多。这个时期的钱币，除铜钱外，还有铁钱、铅钱等。

天汉元宝

直径 2.2、穿径 0.7 厘米，重 2.39 克

残。钱文"天汉元宝"，右旋读；光背。前蜀王建天汉元年（公元 917 年）铸。

光天元宝

直径 2.3、穿径 0.7 厘米，重 2.98 克

钱文"光天元宝"，右旋读；光背。
前蜀王建光天元年（公元 918 年）铸。

乾德元宝

直径 2.4、穿径 0.6 厘米，重 3.5 克

钱文"乾德元宝"，右旋读；光背。前蜀王衍
乾德年间（公元 919～924 年）铸。

咸康元宝

直径 2.3、穿径 0.7 厘米，重 3.17 克

钱文"咸康元宝"，右旋读；光背。
前蜀王衍咸康元年（公元 925 年）铸。

周元通宝

直径 2.6、穿径 0.7 厘米，重 3.54 克

钱文"周元通宝"，直读；光背。后周
世宗柴荣即位二年（公元 956 年）毁佛
像铸此钱。

唐国通宝

直径 2.5、穿径 0.6 厘米，重 3.77 克

钱文"唐国通宝"，直读；光背。南唐中兴二年（公元 959 年）铸。

两宋时期
货币

（公元 *960 ~ 1279* 年）

两宋时期，铸币仍为主要货币。北宋以铜钱为主，川蜀地区出现并使用世界上最早的纸币"交子"。南宋则以铁钱为主，东南地区使用纸币"会子"。铜铁币的铸行量达到了中国历史上最高峰。

◎ 北宋货币（公元 960～1127 年）

北宋时期，白银与纸币已逐渐取得重要地位，但仍以铜钱为主。宋朝的钱币数量大、品种多，新皇帝即位，更换新年号都要改铸新钱。宋朝钱文书体多种多样，篆、隶、真、行、草兼备，流利多姿，"对钱"盛行一时，钱币艺术达到了新的水平，尤其是宋徽宗的御书钱，是中国钱币三绝之一。

宋元通宝

直径 2.6、穿径 0.6 厘米，重 3.83 克

钱文"宋元通宝"，直读；光背。宋太祖建隆元年（公元 960 年）铸。这是宋代第一种钱，但不是年号钱。

庆历重宝

直径 3、穿径 0.7 厘米，重 7.45 克

钱文"庆历重宝"，右旋读；光背。宋
仁宗庆历五年（公元 1045 年）铸。

崇宁重宝

直径 3.6、穿径 0.8 厘米，重 11.2 克

钱文"崇宁重宝"，直读；光背。隶书。宋徽宗崇宁年间（公元 1102～1106 年）铸。

崇宁通宝

直径3.7、穿径0.7厘米，重12克

钱文"崇宁通宝"，右旋读；光背。宋徽宗崇宁年间（公元1102～1106年）铸。钱文为徽宗御书。

崇宁通宝（小崇宁）

直径 2.8、穿径 0.7 厘米，重 3.34 克

钱文"崇宁通宝"，右旋读；光背。宋
徽宗崇宁年间（公元 1102～1106 年）铸。
钱文为徽宗御书。

大观通宝

直径 4.2、穿径 1.1 厘米，重 18.36 克

铁质。钱文"大观通宝"，直读；光背。宋徽宗大观元
年（公元 1107 年）铸。钱文为徽宗御书。

宣和通宝

直径 2.5、穿径 0.6 厘米，重 4.15 克

铁质。钱文"宣和通宝"，直读；背"陕"字。宋徽宗宣和元年（公元 1119 年）铸。

◎ 南宋货币（公元 1127 ～ 1279 年）

南宋初年的制钱，继承北宋遗风，钱文有几种书体，而且成对。自孝宗淳熙七年（公元 1180 年）起，钱文制作趋向统一，使用一种最早出现于"绍兴元宝"之上匀称端庄、秀丽大方的文字，即后人称"宋体字"。并且在钱的背面铸明年份，在我国钱币史上是一个首创。

建炎通宝

直径 2.9、穿径 0.7 厘米，重 6.57 克

钱文"建炎通宝"，直读；光背。宋高宗建炎元年（公元 1127 年）铸。

绍兴元宝

直径 2.9、穿径 0.8 厘米，重 5.25 克

钱文"绍兴元宝"，右旋读；光背。宋高宗绍兴元年（公元 1131 年）铸。

绍兴通宝

直径 2.9、穿径 0.8 厘米，重 6.77 克

钱文"绍兴通宝"，直读；光背。宋高宗绍兴元年（公元 1131 年）铸。

乾道元宝

直径 2.8、穿径 0.7 厘米，重 6.39 克

钱文"乾道元宝"，楷书，右旋读；光背。宋孝宗
乾道元年（公元 1165 年）铸。

乾道元宝

直径 2.8、穿径 0.7 厘米，重 5.5 克

钱文"乾道元宝"，篆书，右旋读；光背。
宋孝宗乾道元年（公元 1165 年）铸。

淳熙元宝

直径 3、穿径 0.7 厘米，重 6.8 克

钱文"淳熙元宝"，右旋读；背"十五"。
宋孝宗淳熙十五年（公元 1188 年）铸。

绍熙元宝

直径 3、穿径 0.7 厘米，重 6.58 克

钱文"绍熙元宝"，右旋读；背"元"。
宋光宗绍熙元年（公元 1190 年）铸。

庆元通宝

直径 3.4、穿径 0.8 厘米，重 10.05 克

钱文"庆元通宝"，右旋读；背"四"。折三。
宋宁宗庆元四年（公元 1198 年）铸。

庆元通宝

直径 2.9、穿径 0.8 厘米，重 7.44 克

钱文"庆元通宝"，右旋读；背"四"。折
二。宋宁宗庆元四年（公元 1198 年）铸。

庆元通宝

直径 3.4、穿径 0.8 厘米，重 11.1 克

钱文"庆元通宝"，右旋读；背"五"。折三。宋宁宗
庆元五年（公元 1199 年）铸。

嘉泰通宝

直径 3.5、穿径 0.8 厘米，重 9.83 克

钱文"嘉泰通宝"，右旋读；光背。宋宁宗
嘉泰元年（公元 1201 年）铸。

开禧通宝

直径 3、穿径 0.8 厘米，重 6.9 克

钱文"开禧通宝"，右旋读；背"二"。折二。宋宁宗开禧二年（公元 1206 年）铸。

嘉定通宝

直径 3、穿径 0.8 厘米，重 6.6 克

钱文"嘉定通宝"，直读；背"六"。宋宁宗嘉定六年（公元 1213 年）铸。

大宋元宝

直径 2.9、穿径 0.9 厘米，重 4.47 克

钱文"大宋元宝"，右旋读；背"二"。
宋理宗宝庆二年（公元 1226 年）铸。

绍定通宝

直径 3、穿径 0.7 厘米，重 8.43 克

钱文"绍定通宝"，直读；背"四"。
宋理宗绍定四年（公元 1231 年）铸。

端平通宝

直径 3.5、穿径 1 厘米，重 11.71 克

钱文"端平通宝"，直读；光背。宋理宗端平元年（公元 1234 年）铸。

嘉熙通宝

直径 3、穿径 0.7 厘米，重 6.65 克

钱文"嘉熙通宝"，直读；背"三"。宋理宗嘉熙三年（公元 1239 年）铸。

淳祐元宝

直径 2.8、穿径 0.8 厘米，重 6.25 克

钱文"淳祐元宝"，右旋读；背"二"。宋理宗淳祐三年（公元 1243 年）铸。

皇宋元宝

直径 3.1、穿径 0.8 厘米，重 7.09 克

钱文"皇宋元宝"，直读；背"二"。宋理宗宝祐二年（公元 1254 年）铸。

开庆通宝

直径 2.9、穿径 0.8 厘米，重 6.7 克

钱文"开庆通宝"，直读；背"元"。宋理宗
开庆元年（公元 1259 年）铸。

景定元宝

直径 3、穿径 0.7 厘米，重 6.45 克

钱文"景定元宝"，直读；背"二"。
宋理宗景定二年（公元 1261 年）铸。

咸淳元宝

直径 2.8、穿径 0.8 厘米，重 4.38 克

残。钱文"咸淳元宝"，直读；背"五"。
宋度宗咸淳五年（公元 1269 年）铸。

辽、西夏、金时期货币

（公元907～1234年）

在宋朝统治的三百余年间，我国的西北、东北先后存在着契丹、女真、西夏等少数民族政权。因受汉族文化长期影响，钱币仍用传统的方孔圆钱铸造。

◎ 辽代货币（公元 907 ~ 1125 年）

契丹建国先后共 218 年，建国以前是一个游牧民族，逐渐受汉文化影响，最初使用中原输入的钱币，到辽太祖时，正式开始铸年号钱，以后各帝均有铸造。

扇龙谢钱

直径 2.8、穿径 0.6 厘米，重 11.32 克
托克托县伍什家镇大北天村出土

钱文"扇龙谢钱"，右旋读；背文"家国永安"，右旋读。为辽代早期铸币。耶律阿宝机打天下时，当时已具备铸钱条件，但还没有年号，所以钱文选用了吉语。

寿昌元宝

直径 2.3、穿径 0.6 厘米，重 4 克

钱文"寿昌元宝"，右旋读；光背。辽
道宗寿昌元年（公元 1095 年）铸。

乾统元宝

直径 2.3、穿径 0.7 厘米，重 2.32 克

钱文"乾统元宝"，右旋读；光背。辽天祚帝乾统元年（公元 1101 年）铸。

大泉五十

直径 2.5、穿径 0.8 厘米，重 4.28 克
托克托县东胜州故城出土

合背。"大泉五十"，直读。大泉五十应是新莽货币，但钱径失圆、字体粗犷，不类莽钱风格，应为辽代早期货币。

◎ 西夏货币（公元 1038 ~ 1127 年）

天盛元宝

直径 2.3、穿径 0.5 厘米，重 2.93 克

铁质。钱文"天盛元宝"，右旋读；光背。西夏仁宗天盛元年（公元 1149 年）铸。

乾祐元宝

直径 2.4、穿径 0.6 厘米，重 3.64 克

铁质。钱文"乾祐元宝"，右旋读；光背。西夏
仁宗乾祐年间（公元 1170 ～ 1193 年）铸。

◎ 金代货币（公元 1115 ~ 1234 年）

金是北宋末年女真族建立的政权，金的币制主要受南宋的影响。贞元二年（公元 1154 年）后，印发交钞。到正隆二年（公元 1157 年）才正式铸造铜钱——正隆元宝和大定通宝等。金代铸钱水平较高，大定通宝仿宋徽宗的瘦金书，钱文书体挺拔有力。泰和重宝郭细肉深，篆如玉筋，几乎可以与后代机制币媲美。

正隆元宝

钱径 2.5、穿径 0.6 厘米，重 2.87 克

钱文"正隆元宝"，右旋读；光背。金完颜亮
正隆三年（公元 1158 年）铸。

元代货币

（公元*1271* ~ *1368*年）

元朝主要行使纸币，行使纸币时禁止铜钱流通；行使铜钱时禁止纸币流通。到武宗至大二年以后，开始铸造汉文和八思巴文的"至大元宝"小钱以及八思巴文的"大元通宝"当十大钱。顺帝至正年间铸过纪值、纪年、权钞几种铜钱。

至大通宝

直径 2.4、穿径 0.5 厘米，重 3.97 克

钱文"至大通宝"，直读；光背。元武宗至大三年（公元 1310 年）铸。

大元通宝

直径 4.2、穿径 1 厘米，重 23.56 克

钱文八思巴文"大元通宝"，右旋读；光背。
元武宗至大三年（公元 1310 年）铸八思巴文
当十大钱。

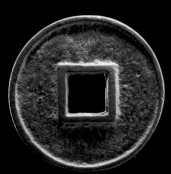

至正通宝

直径 2.6、穿径 0.6 厘米，重 3.64 克

平钱。钱文"至正通宝"，直读；背八思巴文"辰"字。元惠宗至正十年（公元 1350 年）铸。

至正通宝

直径 2.9、穿径 0.7 厘米，重 6.63 克

钱文"至正通宝"，直读；背八思巴文"已"字。折二。

至正通宝

直径 3.5、穿径 0.7 厘米，重 10.95 克

钱文"至正通宝"，直读；背八思巴文"午"字。元
惠宗至正十年（公元 1350 年）铸。折三。

明代货币

（公元1368～1644年）

明朝于洪武年间颁布洪武钱制，令京师及各省铸"洪武通宝"钱。后因盗铸严重，铜源不足，又仿元代办法，推行"宝钞"制。在较长时间内，只铸造过少量铜钱。从明中叶嘉靖元年（公元1522年）始，宝钞停用，遂恢复铜钱铸造。以后每个皇帝都曾改铸新钱。

大中通宝

直径4.3、穿径1.1厘米，重18.08克

钱文"大中通宝"，直读；背"十"。元至正二十四年（公元1364年）朱元璋率红巾军打下了应天府（南京），铸大中通宝。

洪武通宝

直径 2.2、穿径 0.4 厘米，重 4.2 克

钱文"洪武通宝"，直读；背"一钱"。
洪武通宝背一钱至一两是对银作价。明
太祖洪武元年（公元 1368 年）始铸。

洪武通宝

直径 2.9、穿径 0.5 厘米，重 7.39 克

钱文"洪武通宝"，直读；背"二钱"。

洪武通宝

直径 3.4、穿径 0.6 厘米，重 11.53 克

钱文"洪武通宝"，直读；背"三钱"。

洪武通宝

直径 4.2、穿径 0.8 厘米，重 21.22 克

钱文"洪武通宝"，直读；背"五钱"。

洪武通宝

直径 4.7、穿径 1 厘米，重 31.04 克

钱文"洪武通宝"，直读；背穿上"十"，
穿右"一两"。"十"为当十钱。

弘治通宝

直径 2.4、穿径 0.6 厘米，重 4.08 克

钱文"弘治通宝"，直读；光背。明孝宗弘治十六年（公元 1503 年）后铸。

嘉靖通宝

直径 2.6、穿径 0.5 厘米，重 4.68 克

钱文"嘉靖通宝"，直读；光背。明世宗嘉靖七年（公元 1528 年）铸。

万历通宝

直径 2.5、穿径 0.5 厘米，重 3.87 克

钱文"万历通宝"，直读；光背。明神宗
万历四年（公元 1576 年）铸。

泰昌通宝

直径 2.6、穿径 0.5 厘米，重 4.97 克

钱文"泰昌通宝"，直读；光背。泰昌
为明光宗年号，未铸钱，明熹宗便命钱
局将天启、泰昌并铸。

天启通宝

直径 4.7、穿径 0.9 厘米，重 32.87 克

钱文"天启通宝"，直读；背穿上"十"，穿右"一两"。明熹宗年间（公元 1621～1627 年）铸。

隆武通宝

直径 2.5、穿径 0.6 厘米，重 3.467 克

钱文"隆武通宝"，直读；光背。明末唐王据福州，于隆武元年（公元 1645 年）铸。

永历通宝

直径 3.7、穿径 0.7 厘米，重 10.38 克

钱文"永历通宝"，直读；背"壹分"。明末
永明王神宗孙，避于梧州，改元永历。于永历
元年（公元 1647 年）铸。

永昌通宝

直径 2.5、穿径 0.5 厘米，重 2.55 克

残。钱文"永昌通宝"，直读；光背。公元 1644 年，李自成称王于西安，国号大顺，改元永昌，铸"永昌通宝"钱。

大顺通宝

直径 2.7、穿径 0.6 厘米，重 5.59 克

钱文"大顺通宝"，直读；背穿下"工"。公元 1644 年，张献忠在成都称帝，建大西国，改元大顺，铸"大顺通宝"钱。

兴朝通宝

直径 3.6、穿径 0.7 厘米，重 9.46 克

钱文"兴朝通宝"，直读；背"五厘"。公元 1649 年孙可望入滇，自称东平王。铸"兴朝通宝"钱。折五。

利用通宝

直径 3.9、穿径 0.8 厘米，重 16.71 克

钱文"利用通宝"，直读；背"一分"。公元
1674～1677 年，封吴三桂为平西王，镇滇南，
铸利用通宝。

昭武通宝

直径 3.5、穿径 0.8 厘米，重 11.58 克

钱文"昭武通宝"，直读；背"壹分"。公元
1678 年，吴三桂称帝于衡阳，国号大周，改
元昭武，铸"昭武通宝"。

洪化通宝

直径 2.5、穿径 0.6 厘米，重 3.59 克

钱文"洪化通宝"，直读；光背。吴三
桂之孙吴世璠，袭伪号改元洪化（公元
1679～1681 年），并铸"洪化通宝"。

清代货币

（公元 *1636* ~ *1911* 年）

　　清代铜钱沿用明朝的制度，主要铸行小平钱。大数用银，小数用钱，钱、银并行，规定铜钱一千文合银一两。

◎ 方孔圆钱

　　在清朝统治者入关前就曾铸造"天命、天聪"两种铜钱。自清世祖福临进关，到辛亥革命爆发，前后历经十代皇帝，铸有十种年号钱。乾隆以前的铸币，质量好，重量也标准，嘉庆、道光以后，小钱杂出，钱法渐坏。咸丰年间，太平天国革命爆发，清政府内外交困，军费支出浩繁。从咸丰三年（公元 1853 年）起，始铸各种大钱，从"当十"到"当千"，种类繁多，轻重不等。咸丰末年，清政府被迫停铸大钱。方孔钱制度发展到这时已濒于崩溃。

天命汗钱

直径 2.8、穿径 0.5 厘米，重 5.55 克

钱文"天命汗钱"，满文。明神宗万历四十四年（公元 1616 年），努尔哈赤建国称帝，用"天命"年号，铸满文"天命汗钱"。

顺治通宝

直径 2.6、穿径 0.5 厘米，重 3.98 克

钱文"顺治通宝"，直读；光背。清世祖顺治
元年（公元 1644 年）铸。

顺治通宝

直径 2.6、穿径 0.5 厘米，重 4.69 克

钱文"顺治通宝"，直读；背"宣"。

顺治通宝

直径 2.6、穿径 0.5 厘米，重 3.94 克

钱文"顺治通宝"，直读；背"同"。

康熙通宝

直径 2.7、穿径 0.6 厘米，重 4.3 克

阔边大样，"熙"字左边少一竖画，作"熙"不作"熙"，
俗称"罗汉钱"，亦称"万寿钱"。专为康熙皇帝六十岁生
日的祝贺钱。该钱在阔边上铸有精美的"万"字纹，应是
康熙皇帝六十岁生日特铸的头版、头炉"万寿钱"。

咸丰重宝

直径 5.5、穿径 0.9 厘米，重 57.9 克

钱文"咸丰重宝"，直读；背文上下"当五十"，左右
满文。咸丰钱大多称通宝，当四到当五十多称重宝，
当百到当千多称元宝。咸丰大钱的出现，实质是通货
膨胀的表现。清文宗咸丰三年（公元 1853 年）铸。

同治重宝

直径4.8、穿径0.7厘米，重49.87克

钱文"同治重宝"，直读；背文上下"当十"，左右满文。清穆宗同治元年（公元1862年）铸。

光绪重宝

直径3.2、穿径0.7厘米，重9.75克

钱文"光绪重宝"，直读；背文上下"当十"左右满文。清德宗光绪元年（公元1875年）铸。

◎ 铜圆

清代晚期，当方孔铜钱难以维持，即将"退伍"的时候，一种形态新颖的圆形无孔铜币跨进了钱币行列，这就是公元 1900 年在广东首先开铸的机制铜圆。由于机制铜圆样式新颖，所以一出世颇受社会欢迎。后因铸造铜圆有利可图，各省竞相鼓铸，使市面铜圆大增，故与银圆的兑换率逐渐跌落下来。

光绪元宝

直径 3.2 厘米，重 11.78 克

钱文"光绪元宝"，额有满文，左右有"户部"二字，下方有"当制钱二十文"。背铸阔面龙。

大清铜币

直径 3.3 厘米，重 11.23 克

钱文"大清铜币"，额有满文及
"丁未"二字，下方有"当制钱
二十文"。背铸团龙。

◎ 银铸币

1. 中国银圆

早在明朝末年，随着国际贸易的发展，西方的银圆开始流入中国。清代以来在中国流通银圆的国家有美国、墨西哥、西班牙、英国、沙俄、日本、安南（越南）等。所以，中国人称银圆为洋钱，或现大洋。由于银圆质量形式基本划一，使用方便，故广泛流通，出现了用银圆套购白银，使中国的白银大量外流的情况。于是清政府谋求对策，顺应时势，自铸银圆，以应所需。

鸦片战争以后，由于银两制的混乱，对银圆的需求更加迫切。光绪十三年（公元 1887 年）清政府在广东设钱局铸造"光绪元宝"，亦称"龙洋"。嗣后各省相继仿制。宣统二年（公元 1910 年）正式规定银圆为本位币，将铸币权收归中央。宣统三年五月，始铸"大清银币"。

光绪像中圆银币

直径 3.1 厘米，重 11.61 克

清光绪二十八年（公元 1902 年）四川省造。

光绪元宝

直径 3.9 厘米，重 27.02 克

清光绪三十四年（公元 1908 年）北洋银元局铸造。北洋原系河北省（当时包括天津）的通称。

大清银币

直径 3.9 厘米，重 26.39 克

清宣统三年（公元 1911 年）天津造币厂试铸的银币，共试铸有七种模型，这是其中之一，背面龙尾被彩云压盖。

宣统元宝

直径 2.3 厘米，重 4.35 克

东三省造，库平一钱四分四厘。宣统元年
（公元 1909 年）东三省造币厂开铸。

大清银币（湘平五钱）

直径 3.3 厘米，重 18.24 克

左宗棠督办新疆军务后，铸造的饷银。

2. 外国银圆

墨西哥银币

直径 3.9 厘米, 重 27.23 克

俗称"鹰洋"。1821 年墨西哥独立后所铸银币, 流入我国各地甚多。其版别约有八种, 含银量各不相同, 伪造及嵌铜者甚多。

英国武士银币

直径 3.9 厘米, 重 26.61 克

俗称"站人"。1875 年英国在香港铸币失败, 后改在孟买及加尔各答造币厂铸造新银币。开始在香港流通, 随之逐渐侵入中国内地。

安南银币

直径 3.9 厘米，重 26.98 克

俗称"坐人"。于 1885 年始铸，其目的为抵制墨西哥币及美国贸易银。后因纯重高于墨西哥币，多有藏匿及溶化者，故不能流通。因此安南政府于 1895 年将成色减低，便侵入中国南部。

◎ 银锭

"梁炽昌"银锭

长 4.6、宽 3.3、厚 2 厘米，重 179.36 克

锭面中间戳印"梁炽昌"三字。

民国时期货币

（公元 1912 ~ 1949 年）

　　半殖民地半封建社会形成后，商品经济和货币形式逐渐呈现出多元化的趋势。在民国时期，中国参与流通的货币既有地方银行发行的纸币和各家银行、钱庄乃至外商在华银行发行的纸币、银圆、铜圆，又有中央银行发行的法币、金圆券、银圆券等，货币制度极其复杂混乱。

◎ 铜圆

　　辛亥革命后，北洋军阀及各省地方势力均以铸造铜圆为军政费支柱。导致铜圆愈来愈多，质量愈来愈劣，公私均受其害。直到国民党推行法币政策以后，铜圆逐渐退出市场。

民国十八年铜币

直径 2.3 厘米，重 5.51 克

钱文"中华民国十八年，东三省"，正中"一分"；背纹为国民党旗徽。

孙中山像镍币

民国二十五年（公元 1936 年）铸造，壹圆主币未发行，
只发行了辅币。辅币正面为孙中山头像，背铸古币"丘
贝"图，图两侧分别写伍分、拾分、廿分。

伍分
直径 1.8 厘米，重量 3.02 克

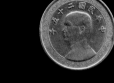

拾分
直径 2.1 厘米，重 4.52 克

廿分
直径 2.4 厘米，重 5.67 克

民国二十九年铜币

直径 1.9 厘米，重量 1.9 克

钱文"中华民国二十九年"，面正中为国民党旗徽，
背为古币"丘贝"图，左右两侧"二分"。

◎ 银铸币

中华民国政府成立后，民国三年（公元 1914 年）公布新国币条例，仍以"元"为单位，铸造袁世凯头像银圆流通全国。1927 年北伐胜利，国民党政府禁止铸袁世凯头像钱币，改铸一面为孙中山像，一面为帆船的银圆。在民国初期，北洋政府还铸造过一些带纪念性质的银圆，如袁世凯开国纪念币、黎元洪币、四川军政府币、曹锟币、段祺瑞执政币、徐世昌纪念币、唐继尧拥护共和纪念币和宣统结婚纪念币等。由于中国银圆大量铸造，全国范围广为流通，外国银圆逐渐被淘汰，最终退出了中国的流通市场。

第二次国内革命战争时期，中华苏维埃政府为了在经济上打破敌人的封锁，1931 年至 1935 年期间，中华苏维埃工农政权铸造了自己的银币，在苏区流通。

四川银币

直径 3.9 厘米；重 25.54 克

民国元年（公元 1912 年）四川省造币厂铸造，背图正中一篆书"汉"字。初铸时含银量尚高，后因受军阀滥自铸造影响，成色渐趋下降，版别种类很多，壹圆币更多，仔细鉴别花纹不同，小异者当有数十种。

唐继尧半圆纪念币

直径 3.3 厘米，重 13.14 克

民国四年（公元 1915 年）滇督唐继尧拥护共和，
组织军务院，为抚军长。云南造币厂所铸的拥护
共和纪念币。

袁世凯贰角银币

直径 2.3 厘米，重 5.2 克

正面上书"中华民国五年"，下为袁世凯侧身式装头像；背面上书"每五枚当壹圆"，中间是嘉禾系结图案拱起的"贰角"图案。

民国甲子银辅币

直径 2.4 厘米，重 5.14 克

民国十三年（公元 1924 年）福建造币厂铸造。

龙凤贰角银币

直径 2.3 厘米，重 5.25 克

民国十五年（公元 1926 年）天津造币厂仿照民国十二年（公元 1923 年）试铸币模型铸造的龙凤银币。1923年北洋政府认为袁世凯曾窃国称帝，袁世凯头像银币不应再为国币，故改为龙凤图案，由天津造币厂铸造。后因龙凤含有帝王色彩，所以没有采用。

孙中山开国纪念银币

直径 3.9 厘米，重 26.56 克

1911 年辛亥革命成功，1912 年 1 月 1 日孙中山任中华民国临时大总统，由南京造币厂铸开国纪念币。这是民国十六年（公元 1927 年）北伐军在南京仿照孙中山临时大总统纪念币的模型而铸造的，1928 年天津造币厂也大量铸造，唯背面英文字大小，星花不同，一般称为天津版。

黄花冈纪念贰角银币

直径 2.3 厘米、重 5.21 克

民国二十年（公元 1931 年）福建造币厂铸造。

半圆银币

直径 3.3 厘米，重 12.89 克

民国二十一年（公元 1932 年）云南造币厂铸造的半圆和二角币，因成色较低未能普及流通。

孙中山帆船银币

直径 3.9 厘米，重 26.58 克

民国二十二年（公元 1933 年）3 月国民党财政部公布作为正式国币，由上海造币厂开铸。该版为民国二十三年（公元 1934 年）铸造。

◎ 纸币

中国是使用纸币最早的国家之一，宋朝时在四川地区已出现了"交子"和"会子"纸币。金代自贞元二年（公元1154年）起发行交钞纸币。元朝时纸币空前盛行，也是世界上最早推行纯纸币流通的时代。明朝初年，曾沿袭元朝币制，以银钱为主，钱钞兼用，后因纸钞膨胀贬值，一切都以银钱支付。

历史时期的纸币因物理属性特殊，不易保存。托克托博物馆征集到民国时期的各类纸币，品种繁多。

1. 票帖

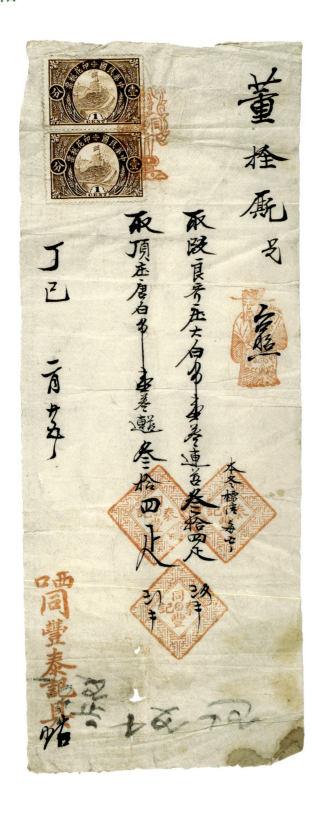

西口"同丰泰"记具帖

纵24、横9.3厘米

金额部位印三枚"同丰泰记"印，左上角贴有两张中华民国印花税票。落款时间"丁巳 二月廿五"，即民国六年（公元1917年）。

崇兴和票帖

纵 18.8、横 9.2 厘米

帖面正面彩印黑绿两色图案。横写两行"河间城南辛庄""崇兴和"字样。下面竖写三行，右为"字第 号"，中间"凭帖取北京钱贰吊整"，落款为"中华民国 年 月 日，崇兴和记票"。背面正中"贰吊"，右"失票不管"，左"概不挂号"。四个角各有一字："崇兴和记"。

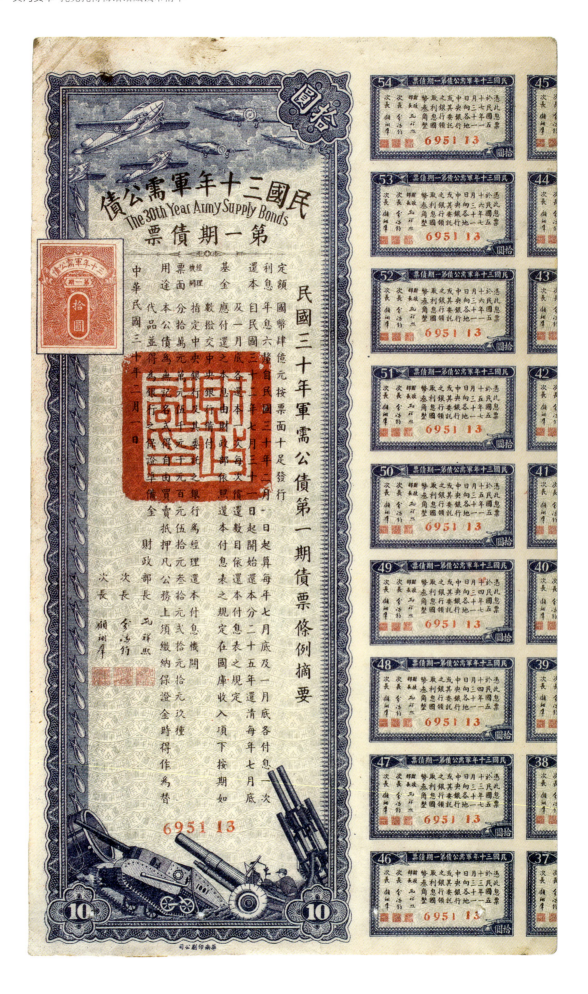

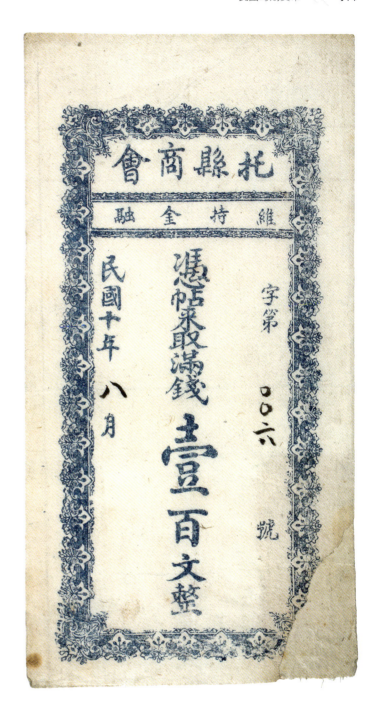

托县商会票帖

纵 17.5、横 9 厘米

正面文字横两行，第一行："托县商会"，第二行："维持金融"；竖三行，右："字第〇〇六号"，中："凭帖来取满钱壹百文整"，左："民国十年八月"。

民国三十年军需公债

纵 25.2、横 14.5 厘米

面额为拾圆，中间印有 4 厘米见方朱红色大印，印文为"财政部印"。落款是："财政部长孔祥熙"和两名次长的姓名。

2. 各银行发行的货币

2.1 中央银行

拾圆

纵 7.9、横 17.2 厘米

面额"拾圆",地名"上海"。民国
十七年(公元 1928 年)印。

伍圆

纵 7.6、横 16.6 厘米

面额"伍圆",地名"上海"。民国十九年
（公元 1930 年）印。

壹圆

纵 7.4、横 15 厘米

面额"壹圆"。民国二十五年（公元 1936 年）印。

伍圆

纵 7.9、横 15.8 厘米

面额"伍圆"。民国二十五年
（公元 1936 年）印。

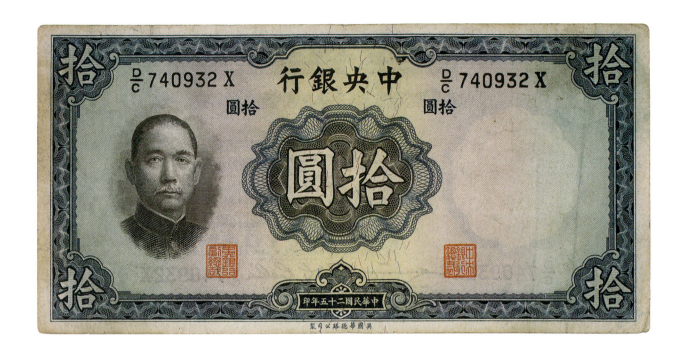

拾圆

纵 8.2、横 16.5 厘米

面额"拾圆"。民国二十五年
（公元 1936 年）印。

壹角

纵 5.8、横 11.5 厘米

面额"壹角"。民国二十九年
（公元 1940 年）印。

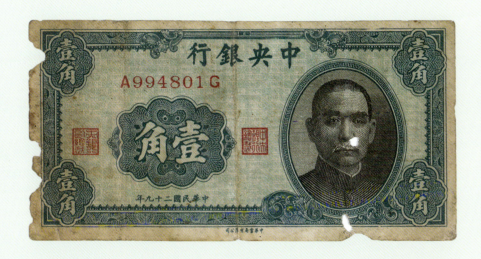

贰拾圆

纵 7.3、横 14.4 厘米

面额"贰拾圆"。民国三十一年（公元 1942 年）印。

壹仟圆

纵 7.4、横 16.4 厘米

面额"壹仟圆"。民国三十一年（公元 1942 年）印。

壹圆

纵 6.2、横 14.6 厘米

面额"壹圆"。民国三十四年（公元 1945 年）
印。票面为蒋介石头像。

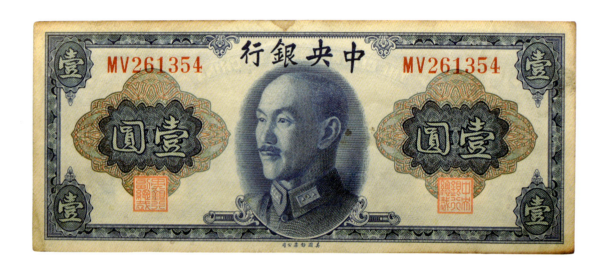

伍圆

纵 6.1、横 14.3 厘米

面额"伍圆"。民国三十四年（公元 1945 年）印。
票面为原国民党主席林森头像。

壹佰圆

纵 6、横 15.5 厘米

面额"壹佰圆"。民国三十四年（公元
1945 年）印。东北九省流通券。

伍佰圆

纵 6.6、横 15.5 厘米

面额"伍佰圆"。民国三十四年（公元
1945 年）印。两端印有"法币"。

壹仟圆

纵 6.5、横 16.5 厘米

面额"壹仟圆"。民国三十四年（公元
1945 年）印。

伍百圆

纵 6.6、横 18.3 厘米

面额"伍百圆"。民国三十五年(公元
1946 年)印。

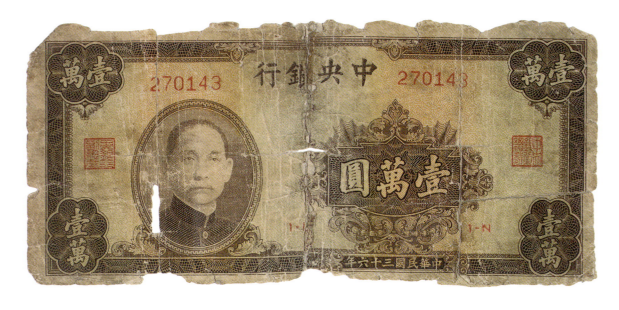

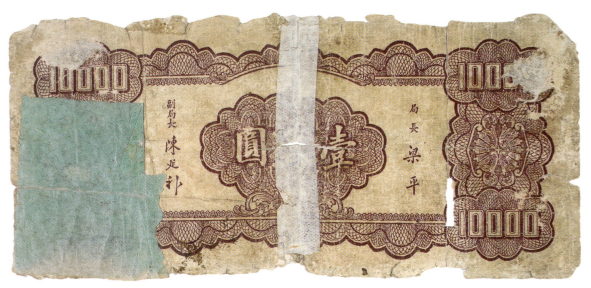

壹万圆

纵 7、横 15.3 厘米

面额"壹万圆"。民国三十六年（公元
1947 年）印。

拾圆

纵 6.2、横 14.6 厘米

面额"拾圆"。民国三十七年（公
元 1948 年）印。

壹佰圆

纵 6.2、横 14.6 厘米

面额"壹佰圆"。民国三十七年（公元
1948 年）印。

伍佰圆

纵 6.2、横 14.6 厘米

面额"伍佰圆"。民国三十八年
（公元 1949 年）印。

壹角

纵 5.9、横 11.6 厘米

壹角

纵 5.7、横 11.4 厘米

关金拾圆

纵 18.8、横 8.6 厘米

面额"拾圆"。民国十九年（公元 1930 年）印。

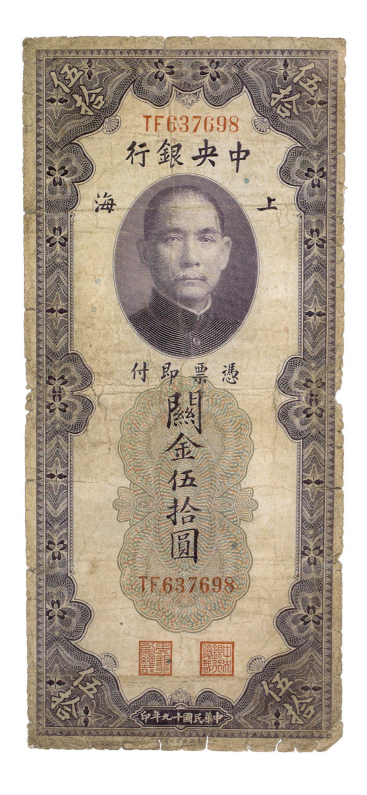

关金伍拾圆

纵 19、横 8.6 厘米

面额"伍拾圆"。民国十九年（公元 1930 年）印。

关金壹百圆

纵 19、横 8.5 厘米

面额"壹百圆"。民国十九年（公
元 1930 年）印。

关金贰佰伍拾圆

纵 16、横 7.7 厘米

面额"贰佰伍拾圆"。民国十九年（公元
1930 年）印。

关金贰仟圆

纵 16.2、横 7.3 厘米

面额"贰仟圆"。民国三十六年（1947 年）印。

关金伍仟圆

纵 16.5、横 7.4 厘米

面额"伍仟圆"。民国三十六年（1947 年）印。

关金壹万圆

纵 15.2、横 6.2 厘米

面额"壹万圆"。民国三十七年（1948 年）印。

关金贰万伍仟圆

纵 15.5、横 6.3 厘米

面额"贰万伍仟圆"。民国三十七年（1948 年）印。

2.2 中国银行

壹圆

纵 8.2、横 14.7 厘米

面额"壹圆",地名"天津"。民国七年
(公元 1918 年)印。

伍圆

纵 8、横 17.5 厘米

面额"伍圆",地名"天津"。民国七年
(公元 1918 年)印。

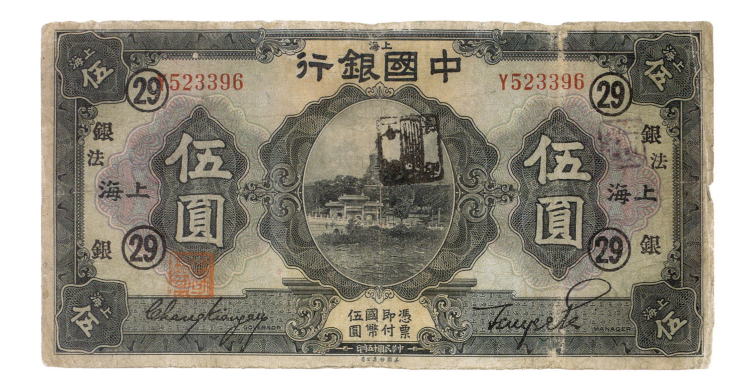

伍圆

纵 9.1、横 17.9 厘米

面额"伍圆",地名"上海"。民国十五年(公元
1926 年)印。

壹圆

纵 8.1、横 15.1 厘米

面额"壹圆",地名"山东"。民国二十三
年（公元 1934 年）印。

拾圆

纵 9.2、横 17.5 厘米

面额"拾圆",地名"天津"。民国二十三年
(公元 1934 年)印。

壹圆

纵 8.1、横 15.6 厘米

面额"壹圆",地名"天津"。民国二十四年
(公元 1935 年)印。

伍圆

纵 8.4、横 16.4 厘米

面额"伍圆"，地名"天津"。民国二十四年
（公元 1935 年）印。

拾圆

纵 8、横 17.4 厘米

面额"拾圆",地名"天津"。民国二十九年
(公元 1940 年)印。

2.3 交通银行

壹圆

纵 8、横 15.2 厘米

面额"壹圆",地名"天津"。民国
三年(公元 1914 年)印。

伍圆

纵 8.4、横 15.9 厘米

面额"伍圆",地名"天津"。民国三年
（公元 1914 年）印。

伍圆

纵 8.3、横 15.4 厘米

面额"伍圆",地名"山东"。民国三年
(公元 1914 年)印。

拾圆

纵 8.8、横 16 厘米

面额"拾圆",地名"上海"。民国三年
(公元 1914 年)印。

壹圆

纵 8、横 15.3 厘米

面额"壹圆",地名"天津"。民国十六
年（公元 1927 年）印。

拾圆

纵 8.8、横 16.4 厘米

面额"拾圆",地名"天津"。民国十六年
(公元 1927 年) 印。

拾圆

纵 8.8、横 15.9 厘米

面额"拾圆"。民国二十四年（公元 1935 年）印。

2.4 中国农民银行

壹佰圆

纵 8.3、横 18.2 厘米

面额"壹佰圆"。民国三十年（公元 1941 年）印。

2.5 西北银行

西北银行为冯玉祥任西北边防督办时创立，于民国十四年（公元 1925 年）四月正式开办。

壹角

纵 6.3、横 10.7 厘米

面额"壹角"。民国十四年（公元 1925 年）印。

壹圆

纵 7.8、横 14 厘米

伍圆

纵 8.5、横 15.1 厘米

2.6 山西省银行

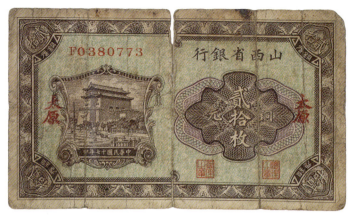

贰拾枚铜元

纵 7、横 11.9 厘米

面额"贰拾枚铜元"。民国十七年
（公元 1928 年）印。

壹圆

横 14.7、纵 7.4 厘米

面额"壹圆"。民国十九年
（公元 1930 年）印。

拾圆

纵 8.1、横 16.4 厘米

面额"拾圆"。民国二十六年（公元 1937 年）印。

2.7 河北省银行

壹角

纵 6.1、横 11 厘米

面额"壹角"。民国十八年（公元 1929 年）印。

壹圆

纵 7.1、横 14.4 厘米

面额"壹圆"。民国二十二年（公元 1933 年）印。

拾圆

纵 7.8、横 15.5 厘米

面额"拾圆"。民国二十二年（公元 1933 年）印。

壹圆

纵 6.8、横 15.2 厘米

面额"壹圆"。民国二十三年
（公元 1934 年）印。

贰圆

纵 7.8、横 15.6 厘米

面额"贰圆"。民国二十三年
（公元 1934 年）印。

2.8 陕北地方实业银行

壹圆

纵 7.2、横 15.3 厘米

面额"壹圆"。民国二十三年
（公元 1934 年）印。

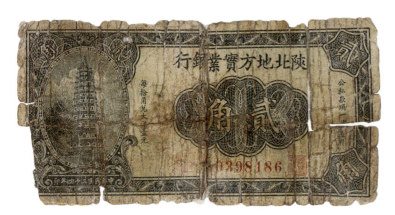

贰角

纵 5.6、横 11.2 厘米

面额"贰角"。民国二十四年
（公元 1935 年）印。

2.9 平市官钱局

绥远省（今内蒙古自治区）于清光绪三十年（公元 1904
年）成立绥远官钱局，资本为白银一万两。绥远平市官
钱局于民国九年（公元 1920 年）二月成立。后该局改称
为绥远省银行，发行有 1 元、5 元券及 1 角、2 角和 5 角
三种辅币券。

伍拾枚

面额 "伍拾枚"（当制钱 50 枚）。民国四年
（公元 1915 年）印。

2.10 昌邑六区兑换券

伍佰圆

纵 6.7、横 14 厘米

面额"伍佰圆"。民国三十三年
（公元 1944 年）印。

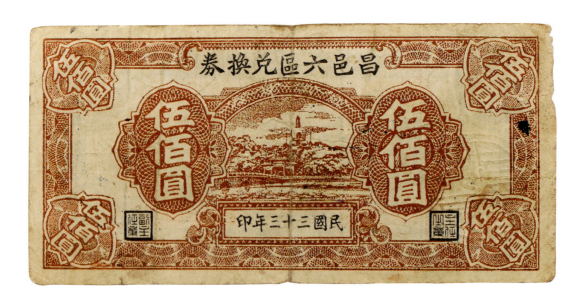

2.11 救济农村流通券

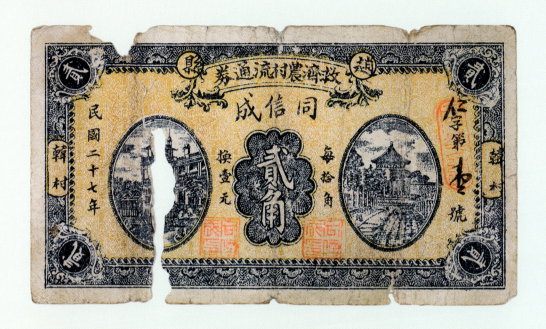

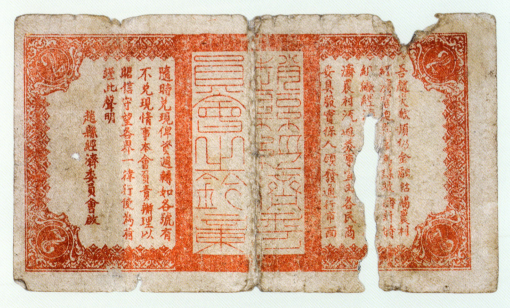

贰角

纵 7.5、横 13.1 厘米

面额"贰角"。民国二十七年
（公元 1938 年）印。

附：日伪银行发行的货币

1931 年 "九一八" 事变，东北沦陷，中国沿海地区的大都市也先后陷落。1931 年至 1945 年，日本侵华期间，日本人勾结汉奸组织傀儡政府，在中国的东北、内蒙古、华北和华东等地区扶植和建立了大量日伪银行、金融机构，包括 "满洲中央银行" "中央储备银行" "中国联合准备银行" 和 "蒙疆银行" 等，大量发行纸币。

①满洲中央银行

壹角

纵 5.2、横 10 厘米

五角

纵 6.3、横 11.6 厘米

背面写有 "此票依据满洲国政府于大同元年六月十一日施行之货币法而发行者"。"大同" 为伪政权满洲国年号。

壹圆

纵 6.6、横 12.6 厘米

五圆

纵 7.2、横 13.5 厘米

拾圆

纵 7.9、横 14.6 厘米

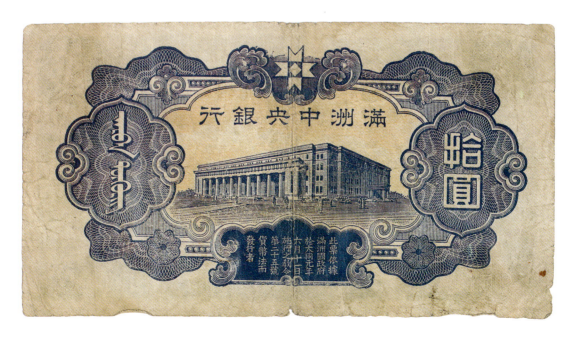

②蒙疆银行

五分

纵 5.8、横 10.3 厘米

②蒙疆银行

壹角

纵 6.1、横 10.3 厘米

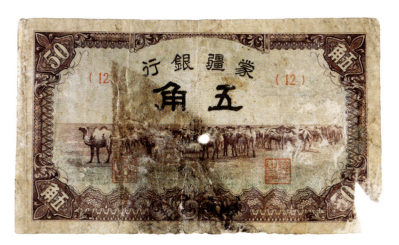

伍角

纵 6.3、横 10.8 厘米

壹圆

纵 6.9、横 12.2 厘米

壹圆

纵 6.8、横 14.8 厘米

五圆

纵 7.4、横 15.7 厘米

拾圆

纵 7.8、横 15.9 厘米

拾圆

纵 8.1、横 16.3 厘米

（壹）百圆

纵 8.1、横 14.6 厘米

（壹）百圆

纵 8.4、横 16.6 厘米

（壹）百圆

纵 8.4、横 16.4 厘米

③中国联合准备银行

壹角

纵 5.5、横 10 厘米

面额"壹角"。民国二十七年
（公元 1938 年）印。

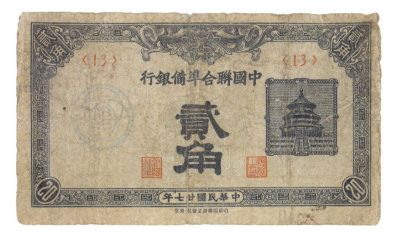

贰角

纵 5.7、横 9.8 厘米

面额"贰角"。民国二十七年
（公元 1938 年）印。

壹（圆）

纵 9.1、横 18 厘米

面额"壹"圆。民国二十七年（公元 1938 年）印。

伍圆

纵 7.6、横 15.2 厘米

面额"伍圆"。民国二十七年（公元 1938 年）印。

壹百（佰）圆

纵 9.5、横 17.8 厘米

面额"壹百圆"。民国二十七年（公元 1938 年）印。

壹圆

纵 6.3、横 12.3 厘米

面额"壹圆"。民国三十三年（公元 1944 年）印。

壹圆

纵 7、横 14.7 厘米

伍圆

纵 7.5、横 15.1、厘米

拾圆

纵 8.6、横 15.9 厘米

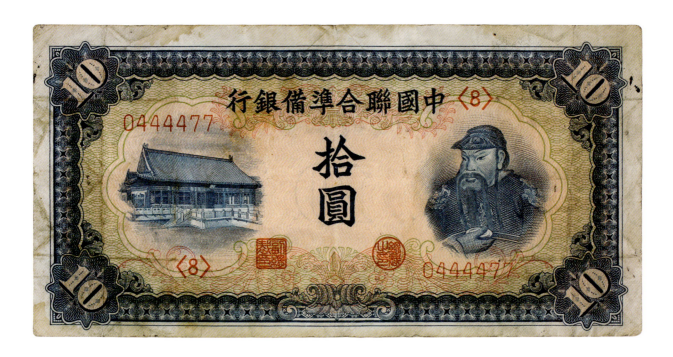

拾圆

纵 8.3、横 16.4 厘米

拾圆

纵 7.6、横 15.8 厘米

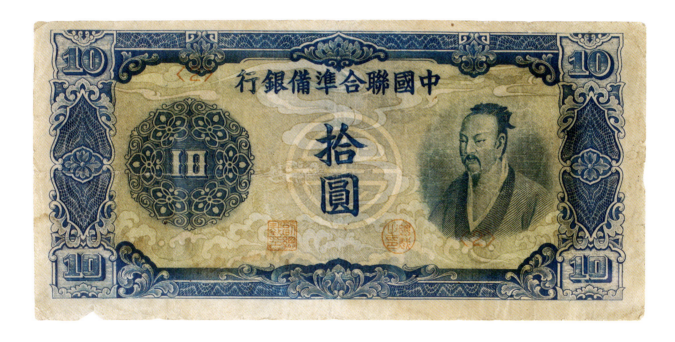

（壹）百圆

纵 9.5、横 17.4 厘米

④中央储备银行

壹角

纵 5.3、横 10.6 厘米

面额"壹角"。民国二十九年
（公元 1940 年）印。

伍角

纵 6.7、横 12.4 厘米

面额"伍角"。民国二十九年
（公元 1940 年）印。

伍圆

纵 7.9、横 15.7 厘米

面额"伍圆"。民国二十九年（公元 1940 年）印。

拾圆

纵 8.2、横 16.6 厘米

面额"拾圆"。民国二十九年（公元
1940 年）印。

壹百圆

纵 8.9、横 18 厘米

面额"壹百圆"。民国三十一年
（公元 1942 年）印 。

3. 革命根据地货币

从 1927 年至 1945 年间，在中国共产党领导下的各革
命根据地，为了稳定本地区的金融，推进革命形势的
发展，保证人民生活，扩大革命根据地的建立与巩固，
苏维埃政府，各农民协会，抗日根据地八路军、新四
军等的金融组织发行了各种货币。

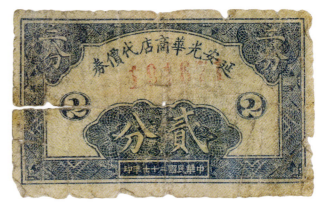

3.1 延安光华商店代价券

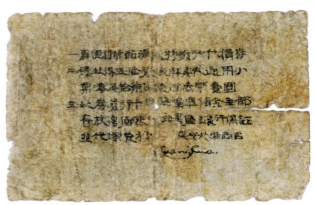

贰分

纵 4.4、横 7.1 厘米

面额"贰分"。民国二十七年（公元 1938 年）印。

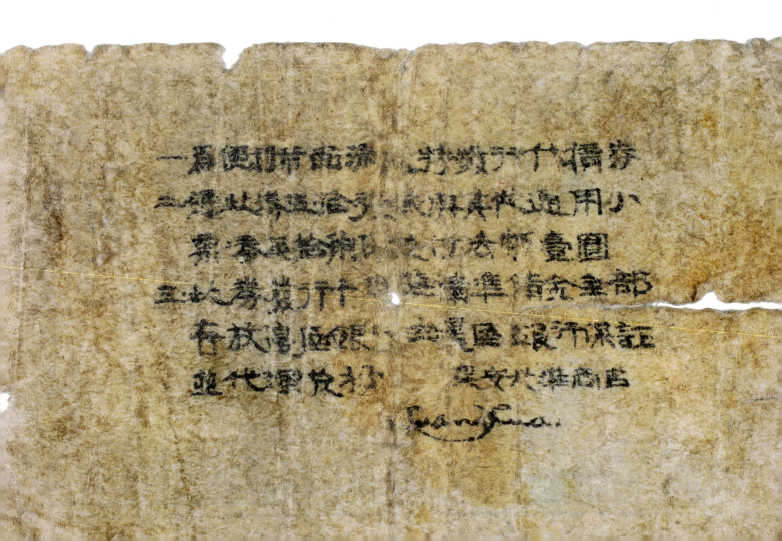

柒角伍分

纵 5.4、横 12.6 厘米

面额"柒角伍分"。民国二十七年（公元 1938 年）印。

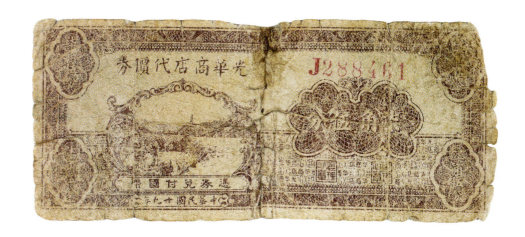

伍角

纵 6.5、横 12.4 厘米

面额"伍角"。民国二十七年
（公元 1938 年）印。

3.2 西北农民银行

伍仟圆

纵 6.1、横 14.3 厘米

面额"伍仟圆"。民国三十六年
（公元 1947 年）印。

壹万圆

纵 5.8、横 12.7 厘米

面额"壹万圆"。民国三十七年
（公元 1948 年）印。

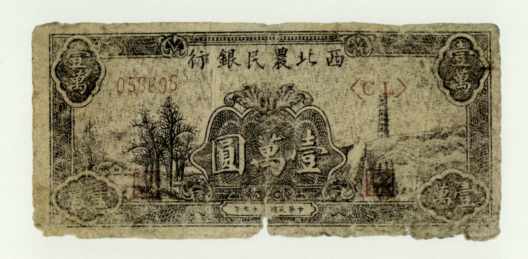

3.3 北海银行

贰百圆

纵 6.4、横 12.5 厘米

面额"贰百圆"。民国三十三年
(公元 1944 年)印。

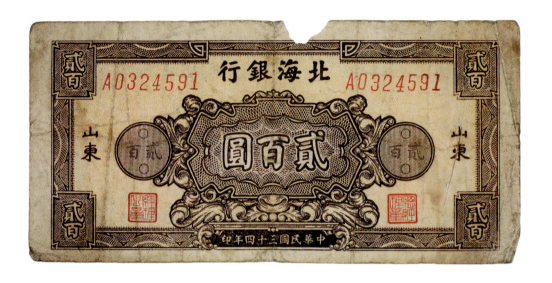

贰百圆

纵 6.4、横 13.1 厘米

面额"贰百圆"。民国三十四年
（公元 1945 年）印。

3.4 晋察冀边区银行

伍角

纵 12.1、横 6.4 厘米

面额"伍角"。民国二十七年
（公元 1938 年）印。

贰角

纵 10.4、横 5.6 厘米

面额"贰角"。民国二十九年
（公元 1940 年）印。

伍圆

纵 6、横 12 厘米

面额"伍圆"。民国三十四年
（公元 1945 年）印。

壹仟圆

纵 7.7、横 14.4 厘米

面额"壹仟圆"。民国三十五年
（公元 1946 年）印。

3.5 冀南银行

伍拾圆

纵 6.3、横 12.5 厘米

面额"伍拾圆"。民国三十四年
（公元 1945 年）印。

伍百圆

纵 6.5、横 13.9 厘米

面额"伍百圆"。民国三十四年
（公元 1945 年）印。

伍百圆

纵 6.8、横 14.1 厘米

面额"伍百圆"。民国三十四年
（公元 1945 年）印。

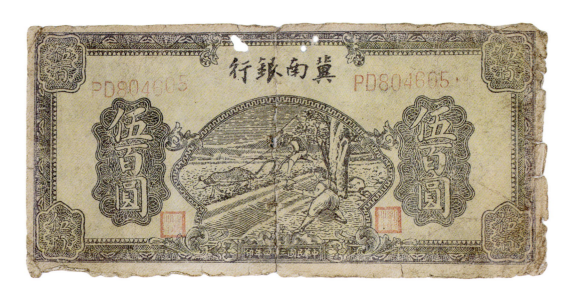

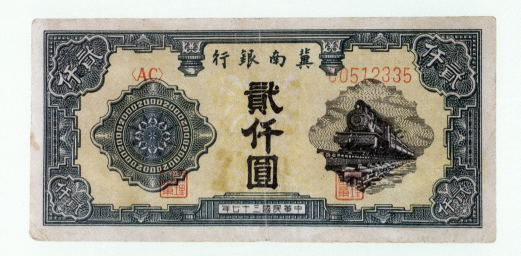

贰仟圆

纵 6、横 12.5 厘米

面额 "贰仟圆"。民国三十七年
（公元 1948 年）印。

3.6 闽浙赣省苏维埃银行

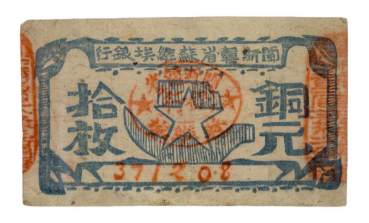

铜元拾枚

纵 4.9、横 8.6 厘米

面额"铜元拾枚",牛皮纸印制。

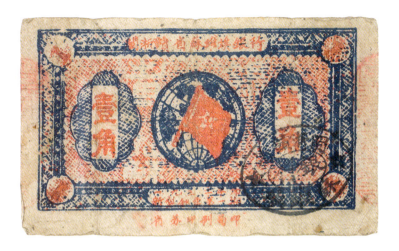

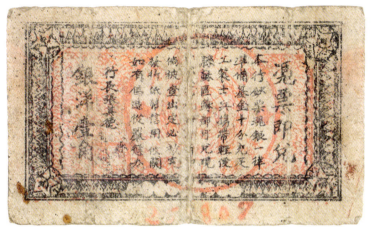

壹角

纵 5.7、横 9.5 厘米

面额"壹角"。正中图案为地球五星红旗。

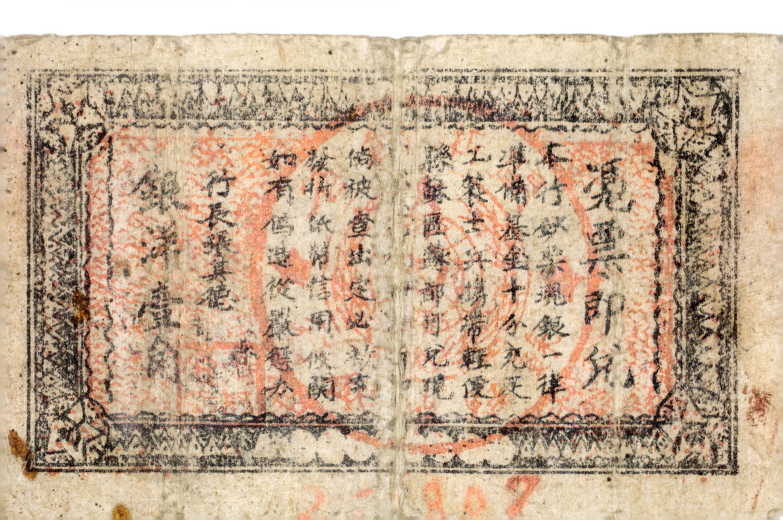

厌胜钱

附录

◎ 宗教类花钱

星官生肖花钱

直径 5.7、穿径 0.9 厘米，重 34.78 克

红铜质，圆穿。正面仙人故事，右上方端坐一仙长，左下方立一侍者，顶端有北斗七星，穿下是仙鹤和玄武。背铸十二生肖图和子、丑、寅、卯、辰、巳、午、未、申、酉、戌、亥 12 个字。宋代遗物。

星官生肖花钱

直径8.2、穿径1厘米，重83.6克

红铜质，方穿。正面仙人故事，左上方松树下端坐一仙长，右面一童子似敬丹药，穿下有仙鹤、灵龟。背面十二生肖图，周边饰有六杂祥云。这枚厌胜钱图案精美，布局合理，是目前见到的最大的厌胜钱。东胜州故城出土，宋代遗物。

斩妖除邪生肖花钱

直径 6.6、穿径 1.2 厘米，重 43.55 克

红铜质，圆穿。面正中张天师手持宝剑作挥舞状，
图左为鬼邪。钱背为十二生肖。宋元时期遗物。

张天师驱鬼邪花钱

直径 7.4、穿径 1.1 厘米，重 82.96 克

红铜质，圆穿。面右张天师作驱鬼状，左为鬼
邪慌张逃跑，穿上正中一莲花座佛龛内写"张天
师"三字。背面图案分三层，外层十二生肖，中
间饰一周万字图案，内层地支十二字。宋元时期
遗物。

太上咒语花钱

直径 7.5、穿径 0.9 厘米，重 98.07 克

红铜质，圆穿。面右一星官，脚下玄武，穿上有符
一道。背为太上咒语："太上咒曰，天圆地方，六律
九章，符神到处，万鬼灭亡，急急如律令，奉敕摄
此符神灵"。元代遗物。

咒语八卦花钱

直径 4.9、穿径 0.8 厘米，重 32.69 克

黄铜质，圆穿。面咒语"斩妖除邪，降精辟神，男女佩之，永保贞吉"。左右边廊处有符两道。背八卦图和乾、坎、艮、震、巽、离、坤、兑八个字符。清代遗物。

◉ 吉语类花钱

天下太平

直径 5.8、穿径 0.9 厘米，重 47.78 克
托克托县东胜州故城出土

红铜质，方穿。钱文"天下太平"，直读，四字间
铸有四朵宝相花；背纹为十二生肖图，穿周也有
四朵宝相花。元代遗物。

恒慎三业

直径 5.2、穿径 0.9 厘米，重 68.97 克

青铜质，方穿。钱纹"恒慎三业"，右
旋读，四字间有吉祥图；光背。元代
遗物。

长命富贵

直径 4.4、穿径 0.6 厘米，重 17.26 克

红铜质，圆穿。钱文"长命富贵"，直读，富字宝盖头无点，为"冨"。背纹为十二生肖，生肖图内圈为十二地支：子、丑、寅、卯、辰、巳、午、未、申、酉、戌、亥。明代遗物。

长命富贵

直径 5、穿径 0.7 厘米，重 26.03 克

黄铜质，方穿。钱文"长命富贵"，直读；
背文"福寿康宁"，直读。明清时期遗物。

五子登科

直径 5.1、穿径 0.7 厘米，重 51.64 克

黄铜质，方穿。钱文"五子登科"，直读；
背"吉祥"二字。清代遗物。

天仙送子

直径 5.5、穿径 0.8 厘米，重 50.73 克

黄铜质，方穿。钱文"天仙送子"，直读；背
纹龙凤图。意为妇女佩带该花钱，可生男，亦
可生女。清代遗物。

天下太平

直径 4.1、穿径 0.7 厘米，重 17.82 克

黄铜质，方穿。钱文"天下太平"，直读；背纹八卦图。清代遗物。

福如东海

直径 2.9、穿径 0.4 厘米，重 6 克

黄铜质，方穿。钱文"福如东海"，直读；背为鹿鹤同松图，清代遗物。

◎ 镂空类花钱

三鲤鱼花钱

直径 5.1、穿径 1.3 厘米，重 17.94 克

红铜质，圆穿，镂空。鲤鱼有繁盛的生殖能力，
寓意多子多孙，或借意"鲤鱼跳龙门"，以表
达祈求升官登士愿望。或谓双鲤是书信的别名。
宋金时期遗物。

直径 3.6、穿径 0.7 厘米，重 13.34 克

红铜质，方穿，镂空。金代遗物。

双鲤鱼花钱

直径 3.6、穿径 0.7 厘米，重 13.34 克

红铜质，方穿，镂空。金代遗物。

双龙戏珠花钱

直径 5.7、穿径 0.8 厘米，重 35.1 克

青铜质，圆穿，镂空。宋元时期遗物。

双凤花钱

直径 5.8、穿径 1 厘米，重 33.63 克

红铜质，圆穿，镂空。宋元时期遗物。

直径7.3、穿径1.2厘米，重76.4克

黄铜质，圆穿，镂空。明代遗物。

麒麟凤凰花钱

直径7.3、穿径1.2厘米，重76.4克

黄铜质，圆穿，镂空。明代遗物。

◎ 异形类花钱

长命富贵

长 6.9 厘米，重 36.84 克

黄铜质，圆穿。钱文"长命富贵"，
直读；背"福寿"二字。清代遗物。

状元及第

长 6.7 厘米，重 26.05 克

黄铜质，方穿。钱文"状元及第"，
直读；背穿上一"福"字，穿下图
案为鹿。清代遗物。

咒语八卦图花钱

长 7 厘米，重 42.37 克

黄铜质，圆穿。钱文为咒语"斩妖除
邪，降精辟神，男女佩之，永保贞
吉"，左右各有符一道；背为八卦图。
清代遗物。

◎ 钱币文字类

太平天国

直径 3.4、穿径 0.6 厘米，重 15.52 克

黄铜质，方穿。钱文"太平天国"，直读；背穿左为飞龙，右为一人手持仪仗。清代遗物。

洪武通宝

直径7.2、穿径1.3厘米，重75.7克

黄铜质，方穿。钱文"洪武通宝"，直读；背图似为明朝开国皇帝朱元璋在穷困时给刘姓大户放牧和在皇觉寺削发为僧的情景。民国时期遗物。

后记

　　《黄河资阜：托克托博物馆馆藏钱币精华》图录，是由内蒙古自治区文物考古研究所、内蒙古博物院、托克托博物馆共同组织编撰。体例按照断代排列，上至三代，下至中华人民共和国成立前夕。内容涉及先秦时期贝币、布币、刀币、圜钱，秦朝大一统以后至晚清时期两千余年的圆形方孔钱，近代以来的银圆、铜币以及民国时期纸币等流通钱币，这些遗存均出土和征集自托克托县境内。另外还附录了辽、金、元、明、清以来出土的寓意喜庆吉祥、驱邪禳灾的厌胜钱。本图录总计收录历朝历代钱币凡292种。这些钱币是托克托地区政治、经济和文化研究的重要实物资料，也是黄河上中游流域金融发展和货币流通的直接实物例证。读者、观众也可以在托克托博物馆的基本陈列中得以参观。

　　图录的具体框架由陈永志确定。石磊、刘燕对托克托博物馆馆藏钱币文物进行了整理，做了测量、描述等大量基础工作。刘燕、程鹏飞撰写了托克托博物馆馆藏钱币概述。程鹏飞做了后期统稿工作。文稿完成后，陈永志全面审定文稿，并为图录撰写了前言。

　　在本图录即将付梓之际，要衷心感谢在托克托这块丰厚的土地上，付出艰苦努力，洒下辛劳汗水的几代文物工作者，尤其要感谢和缅怀托克托博物馆的奠基人，藏品捐献者石俊贵先生！衷心感谢托克托县党委、县政府对本书的编写给予的大力支持和帮助！

　　限于编者水平，本图录的编写工作难免存在不足与错讹之处，敬请各界读者批评指正！

编　者

2020 年 11 月 20 日